LEVIATÁN
DESENMASCARADO

ROBERT HOTCHKIN

Traducción: Carol Martínez

Publicado por: XP Publishing

Distribuido por: Patricia King Ministries

PO Box 1017, Maricopa AZ 85139

PatriciaKingMinistries.com

ISBN: 978-1-62166-514-4

LEVIATÁN DESENMASCARADO

Vence las maquinaciones ocultas de un rey demoniaco

ROBERT HOTCHKIN

RECOMENDACIONES

Mi amigo Robert Hotchkin ha hecho un trabajo excelente en desenmascarar uno de los enemigos diabólicos más sutiles y feroces de nuestras vidas. Tener comunicaciones buenas y claras es vital y una clave necesaria para que nuestras relaciones con otros crezcan y maduren – en cada esfera de la vida y el ministerio. Leviatán es un espíritu demoniaco conspirador cuyo enfoque es torcer las comunicaciones. ¡Es tiempo de que reconozcamos las señales y hagamos todo lo necesario para ganar esta batalla!

JAMES W. GOLL
Fundador de God Encounters
Autor Internacional Reconocido

Los creyentes tenemos un enemigo cuyo solo propósito es matar, robar y destruir (Juan 10:10). Cuando estamos al tanto de sus maquinaciones (2 Corintios 2:11), nos damos cuenta de que nuestra verdadera lucha no es en contra de nuestros hermanos creyentes y que Dios nos ha dado armas poderosas que vencerán a todo plan del enemigo de dividir a la iglesia. Robert Hotchkin ha escrito una obra convincente, llena de ejemplos de la vida real, acerca de cómo los creyentes pueden desenredarse de una red de comunicación torcida. Si alguna vez te has encontrado envuelto en una situación dolorosa de comunicación torcida o falsa acusación, este libro te dará las herramientas que necesitas para librarte.

STACEY CAMPBELL
Ministerios Revival NOW
revivalnow.com

Si eres como yo, que de vez en cuando te encuentras en medio de un gran lío en el cual todos están discutiendo entre sí o se sienten lastimados por alguien más en su familia, iglesia o grupo de casa. Esto ha ocurrido tantas veces a través de los años, que no las puedo contar. En medio de una de estas temporadas de ataque, mi esposa frecuentemente exclama, "¡Este es un ataque del diablo!" Y me da vergüenza admitir que mi respuesta inmediata ha sido, "No, esto no es un ataque, es que "tal o cual" persona está siendo demasiado obstinada otra vez".

Qué cosa más TONTA de decir. Por supuesto que es un ataque, de SATANÁS, quien frecuentemente usa su agente más poderoso, Leviatán, la peor serpiente de todas las serpientes. Uno que tuerce palabras, motivaciones y acciones, y hasta asuntos de la salud. Si es posible que un demonio sea más perverso que otro, Leviatán se gana uno de los premios de los más perversos. A causa de él, se han destruido ministerios, matrimonios y relaciones interpersonales, mientras que "él" permanece anónimo.

En este libro tan crucial e importante, *Leviatán Desenmascarado*, Robert Hotchkin pone énfasis en desenmascarar a esta serpiente tortuosa y su manera de funcionar. Pero aun mucho más importante, Robert da las llaves, los métodos, y las estrategias asombrosas – todas de la Palabra de Dios, para derrotar y destruir las obras de esta serpiente. ¡CONSIGUE ESTE LIBRO! Compártelo con todos tus amigos, líderes de ministerios, maestros, estudiantes y seres queridos. Y aun más importante, ¡léelo! Luego TOMA ACCIÓN. Haz lo que dice y sé testigo de cómo este espíritu tortuoso se escurre y desaparece en total derrota. Una vez más, ¡POR FAVOR, LEE ESTE LIBRO!

STEVE SHULTZ
Noticiero Profético "The Elijah List"

Mientras leía el libro de Robert, *Leviatán Desenmascarado*, mis pensamientos y memorias se vieron sacudidos, y mis ojos se abrieron. ¿Dónde estaba tu libro, Robert, hace 30 años? ¿Dónde estabas hace tres años cuando dos mujeres llegaron a mi oficina para resolver una diferencia pero, porque estaban indispuestas a "escuchar" la una a la otra, se fueron airadas, en desacuerdo y con impresiones falsas y torcidas que han dejado una brecha entre ellas hasta el día de hoy? "¡Esto es lo que estaba ocurriendo!" exclamé al llegarme la claridad. Ahora me doy cuenta de que no estaban simplemente siendo obstinadas sino que algo más estaba obrando por detrás de la escena.

Me hizo recordar el pasaje en Oseas donde dice, "Mi pueblo fue destruido por falta de conocimiento". Esa triste realidad sigue sucediendo hasta el día de hoy porque los creyentes se dejan atrapar, reaccionando a las comunicaciones de otros con malentendidos, frustración, exasperación, enojo, y en muchas instancias, separación y relaciones rotas. La unidad y la confianza mutua es destruida porque nos ha faltado conocimiento acerca del verdadero culpable – el mismo destructor – y nos hemos culpado los unos a los otros.

Muchas veces, cuando no me ha sido posible descubrir las causas específicas de las riñas y las destrucciones en situaciones específicas, le he clamado a Dios, "Señor, pinta de rojo al dragón para que me resalte", y lo ha hecho con claridad. Ahora, eso es exactamente lo que ha capacitado a Robert a hacer – pintar de rojo a este dragón y desenmascarar tan brillante y claramente a este espíritu destructivo Leviatán para que ya no quedemos atrapados por él al comienzo del ataque, y para que podamos echar mano de la autoridad que es nuestra para pisotear a serpientes y escorpiones y para vencer todo poder del enemigo, con el conocimiento de que nada nos hará daño (Lucas 10:19).

¡Este es un libro tan ungido! Robert da llaves poderosas para vencer las obras de Leviatán: desmantelarlo y demolerlo hasta que quede en la nada una vez que lo descubras en tu medio.

MARY AUDREY RAYCROFT
Pastora de Enseñanza
Iglesia Catch The Fire, Toronto

Leviatán Desenmascarado te ayuda a no solo reconocer al enemigo, sino a aprender a implementar estrategias y derrotarlo en toda oportunidad. La vida y la muerte están en el poder de nuestras bocas, y nuestras palabras establecen y crean patrones de pensamiento. Hay llaves valiosas en este libro que te ayudarán a abrir áreas dentro de tu propia vida que antes estaban cerradas. Este libro será una herramienta tan valiosa en tu arsenal, siendo que revela muchas de las trampas, tramas y conspiraciones del enemigo, para que estés preparado para destruir lo que el enemigo quiere usar para tu destrucción.

ANGELA GREENIG
Ministerios Angela Greenig
angelagreenig.com

¡Me encanta este libro! He luchado exitosamente contra el espíritu de Leviatán en muchas ocasiones y he experimentado milagros extraordinarios a través de esas victorias. Sin embargo, en *Leviatán Desenmascarado*, Robert Hotchkin pone al descubierto página tras página de enseñanzas y revelaciones bíblicas asombrosas que yo aun no había visto. Después de leerlo, me siento tanto mejor informada y empoderada para derrotar a esta bestia y liberar al cuerpo de esta tiranía. ¡Bien hecho, Robert!!

KATIE SOUZA
Ministerios Expected End
expectedendministries.org

En *Leviatán Desenmascarado*, Robert Hotchkin no solo ha identificado a un espíritu principal que ha venido en contra del Cuerpo de Cristo sino que también ha revelado cómo vencerlo. Este libro es una necesidad absoluta para toda persona en liderazgo porque, lo reconozcas o no, ya te has encontrado con este espíritu. Adquirir entendimiento acerca de este tema va a permitir a la iglesia a tomar territorio que, hasta este punto, ha sido controlado por el enemigo. ¡*Leviatán Desenmascarado* le ha dado un GRAN golpe al reino de las tinieblas!

BRAD CARTER
Pastor principal, Kingdom Builders
kingdombuildersnc.org

En este poderoso libro, Robert presenta un caso claro y convincente para equipar a cada creyente a colaborar con Dios para derrotar las maquinaciones del enemigo. Esta es lectura obligada para toda persona que desea una vida libre de los efectos de la mala comunicación, los malentendidos y la ofensa. La enseñanza es profunda pero accesible y se presenta de una manera que te inspirará a profundizarte en tu fe. Como líderes de la iglesia, de manera personal nos hemos beneficiado al leer el libro de Roberto y hemos encontrado nuevas estrategias para ayudar a las personas por quienes somos responsables a superar sus desafíos en las áreas de relaciones interpersonales.

TOM AND ABI ALLSOP
Pastores asociados, Catch the Fire
Londres, Inglaterra

¡Este libro no pudo haber llegado en mejor momento! Es de gran importancia que este espíritu demoniaco sea desenmascarado ahora mismo. Nosotros hemos experimentado al espíritu de Leviatán de cerca y hemos visto el daño que le hace a familias, amigos e iglesias. Gracias, Robert, por escribir este libro tan importante. Gracias por desenmascarar uno de los reyes demoniacos más fuertes, para que podamos despertar y prepararnos para este tiempo cuando todos debemos levantarnos y trabajar juntos para traer el Reino de Dios al mundo. ¡Qué regalo y bendición será este libro para quienes lo lean y compartan! *Leviatán Desenmascarado* traerá unidad, paz y comprensión. Permanezcamos cerca del Padre. Permanezcamos cerca los unos de los otros.

PETER Y ANNA FAGERHOV
Pastores principales
Nordanstigs Kristna Center, Suecia

Práctico pero profundamente bíblico, el libro de Robert, *Leviatán Desenmascarado* es un cofre de rica revelación perteneciente al área de la guerra espiritual. La habilidad de Robert de enfocarse en lo que verdaderamente importa hace que este libro sea una gran herramienta para vencer al enemigo. Su énfasis en luchar desde la victoria en vez de luchar para obtener victoria es una revelación que todo creyente necesita entender. Lleno de percepción valiosa en cuanto a relaciones interpersonales, conflicto, y cómo funciona Leviatán, este libro te ayudará a ver CÓMO posicionarte en tiempos de conflicto espiritual y cómo ver al enemigo derrotado. Es lectura obligada para todo creyente. Victorioso y lleno de esperanza, *Leviatán Desenmascarado* levantará tu fe para que veas tu victoria y disfrutes de una vida libre del temor al enemigo.

JULIAN ADAMS
Frequentsee Trust: Un ministerio profético
que equipa a las personas para el
avivamiento y la reforma

Leer *Leviatán Desenmascarado* me hizo pensar en una obra similar por Francis Frangipane titulado *Exposing the Jezebel Spirit* (*Traducción literal:* **Poniendo al descubierto al espíritu de Jezabel.** *No está disponible en español.*) El libro de Robert es igualmente informativo y objetivo al desenmascarar a este espíritu que impide mucho de lo que la iglesia está haciendo hoy. Robert no solo revela su obra oculta, sino que provee herramientas para deshacernos de él. Gracias, Robert. Este libro debiera ser un requisito para todos los institutos bíblicos y escuelas de ministerio.

RANDY DEMAIN
Ministerios Kingdom Revelation

DEDICATORIA

Al Espíritu Santo, el comunicador más claro y amoroso que conozco. Gracias por ayudarme a aprender y discernir. Eres un Maestro, Consejero y Amigo asombroso. Estoy tan agradecido por Ti.

A mi amiga y mentora, Patricia King. Soy mejor comunicador, líder y persona por lo que has modelado y todo lo que has derramado en mi vida a través de los años.

Y por supuesto, a mi esposa maravillosa. Gracias, Yu-Ree, por amarme a mí y al Señor tanto, por ser tan comprensiva por las muchas horas que pasé con Él y mi computadora, en vez de que contigo, mientras escribía este libro.

.

CONTENIDO

Una serpiente huidiza

Una serpiente tortuosa

Un dragón que vive en el mar

Rey sobre los hijos del orgullo

Una advertencia para los líderes

Maldiciones que incitan a Leviatán

Ten cuidado de lo que "comes" en el desierto

Leviatán y la enfermedad

La humildad

El arrepentimiento

PRÓLOGO

Patricia King

Leviatán es una serpiente demoniaca y perversa que ha sido enviada para robar, matar y destruir. Si le permitimos, destruirá relaciones interpersonales, les robará a las personas de su confianza, herirá corazones, y matará a ministerios y reputaciones. Yo no tengo temor de entrar a la batalla y estoy convencida de que la luz invade y vence a las tinieblas. He conocido la guerra espiritual por años, y siempre he creído la palabra de Jesús que dice, "He aquí os doy potestad de hollar serpientes y escorpiones, y sobre toda fuerza del enemigo, y nada os dañará" (Lucas 10:19). Como resultado, el Señor nos ha dirigido como un ministerio con confianza y paz cuando estamos en los campos de batalla. El resultado siempre es bueno si le sigues a Él.

En la mayoría de los casos, el enemigo usa a personas desprevenidas para emprender sus guerrillas y he visto a muchos llegar a ser instrumentos en sus manos a través de los años. He observado a muchos ministerios – por todo el mundo – y sus líderes ser atacados por un espíritu de Leviatán. Nuestro propio ministerio experimentó un ataque así. Este espíritu no respeta a personas ni a lugares geográficos, y no le importa si tienes mucha o poca influencia.

Nuestra batalla no es contra sangre y carne, sino contra principados, contra potestades, contra los gobernadores de las tinieblas de este mundo (Efesios 6:12). He visto a este espíritu brutal aprovecharse de personas desprevenidas, usándolas para crear torbellinos en la comunicación que escalan a destrucción sin respiro. Desde muchas direcciones los torbellinos intensificaron y se movieron hacia acusaciones amargas y dolorosas en muchos frentes. Cada situación que observé en la cual Leviatán estuvo involucrado fue brutal, pero estaba siendo alimentado por personas que por lo general se comportaban como cristianos amorosos y comprometidos. He observado al enemigo tomar ventaja en medio de la furia, donde muchos han sido devastados y profundamente heridos.

Como líder, es difícil extraer los muchos elementos torcidos de batalla. Es necesario tratar con el dolor y el enojo de las personas. Es necesario escuchar con atención a cada persona involucrada y ayudarles para que puedan abrazar el arrepentimiento y la sanidad – emocional, relacional y espiritual – y luego llevarlos a un lugar donde puedan estar libres del asalto de este enemigo mortal. Mi oración principal cuando me invitan a ayudar y liderar durante estas batallas ha sido, "Señor, ¿cuál es la cara del amor en esta situación? ¿Cómo se demuestra Tu propósito redentor en esta batalla? Enséñame a perseguir, alcanzar y recuperar todo".

Cuando me tocó tratar con estos asaltos de manera personal, yo clamaba constantemente, "Oh, Dios, necesito ser tan sabia como una serpiente y tan mansa como una paloma. Ayúdame a caminar en amor en toda situación. Ayúdame a amar a otros y guardar a mi equipo y a mis seres queridos, manteniéndolos seguros del terrible engaño y el ataque brutal de este espíritu tan perverso. Concédeme sabiduría ... ¡necesito sabiduría!"

Por medio del ayuno, la oración, y esperar en Dios en cada situación, Dios nos ha guiado al atravesar los campos minados. Hemos aprendido a escuchar a Una voz. Todas las demás voces en medio de tales batallas necesitan ser silenciadas siendo que siempre hay una medida de distorsión en la mayoría de las voces involucradas, debido a la influencia del ataque de este espíritu. Algunas personas se han sentido profundamente heridas en el proceso porque escucharon cosas que no se dijeron y percibieron motivaciones que no eran intencionadas. He observado al enemigo una y otra vez mal aprovecharse de los problemas legítimos que necesitaban tratarse con sabiduría y disciplina dirigida por el Espíritu. Cuando el espíritu de Leviatán está involucrado, todo puede desmoronarse rápidamente.

Detesto que las personas sean heridas, y así también Dios. Él está llamando a un ejército que confrontará y vencerá a este espíritu en verdad, justicia, y amor. Él quiere dar, a toda persona que está sufriendo asalto, la victoria que Él consiguió para nosotros hace 2,000 años en la cruz.

Toda batalla en la que te encuentras tiene el potencial para fortalecer y promoverte al final del proceso si caminas con el Señor en medio de la misma. Mi oración por ti si estás luchando con este espíritu o ayudando a otros en la lucha, es que encuentres triunfo y victoria asombrosa, las cuales son tuyas por medio de Cristo. ¡Dios está contigo! ¡Eres vencedor!

Robert Hotchkin ha escrito este brillante recurso para ti basado en las revelaciones y el entendimiento tan valioso que él y nuestro equipo hemos adquirido del Señor al encontrarnos con este espíritu y caminar con Dios hacia la victoria. Yo creo que este libro te dará entendimiento en cuanto a cómo este espíritu opera y te dará llaves y estrategias para ganar cada batalla. Cristo en nosotros lo ha vencido todo. Nosotros, en Cristo, estamos seguros. ¡Ganamos! ¡Ganamos! Porque Dios "... aplastó las cabezas del Leviatán" (Salmo 74:14).

PATRICIA KING
Fundadora
Ministerios Patricia King

1
LEVIATÁN: UN ASALTO GLOBAL

ada vez que uno sintoniza a las noticias, parece que hay todavía una historia más acerca de un conflicto, ataque, asesinato, malentendido, o alguna otra clase de turbulencia – sea en un hogar, una escuela, una iglesia, un negocio, un teatro, una sala de corte, un edificio de gobierno, o en un campo de batalla. Las personas están en conflicto. Las regiones están en conflicto. Las naciones están en conflicto. La impaciencia, irritación y ofensa parecen estar en todas partes. Aun cuando las personas sí se toman el tiempo para encontrarse y resolver los asuntos, la división y la disensión de todas maneras siguen siendo el resultado. Parece que tenemos tan poca gracia, paz y paciencia el uno para con el otro en estos días – aun dentro del Cuerpo de Cristo. No es casualidad que esto esté ocurriendo: que la mala comunicación, los malentendidos, el caos, el conflicto, el desacuerdo y la discordia estén en aumento. Hay una fuerza detrás de todo, un espíritu – el espíritu de Leviatán.

Leviatán es un espíritu malo y poderoso que ha sido desatado en la tierra para torcer y pervertir las comunicaciones y cómo se interpretan, con la meta de destruir alianzas, uniones, y relaciones personales. Su asalto es global. No hay una sola área en el mundo o en nuestras vidas donde no tratará de infiltrar y traer devastación y destrucción. No hay lugar para error: Estamos en guerra, tenemos un enemigo, y Leviatán es uno de los agentes más sigilosos y devastadores.

Las buenas noticias, sin embargo, son que también tenemos a un Salvador. Él ha vencido para nosotros. Y Él nos mostrará cómo echar mano de Su victoria en cada área donde Leviatán intenta asaltar.

Nunca debemos enfocarnos tanto en el enemigo que perdamos al Salvador de vista. En tiempo de guerra, sin embargo, es importante entender qué estamos enfrentando para que podamos buscar al Señor por Su dirección y Sus estrategias en cuanto a cómo vencer. Sí, Leviatán se ha desatado a nivel global para causar estragos y traer destrucción, pero no hay que temer, porque el Señor ha desatado armas poderosas de batalla que nos permitirán conquistar y destruir a Leviatán. Al leer este libro llegarás a entender qué es este espíritu, cómo obra, y cómo utilizar las armas de guerra espiritual que el Señor nos ha dado para neutralizar totalmente a las maquinaciones de Leviatán.

Hay dos áreas, o "territorios" que el enemigo asalta. El territorio que tenemos, y el territorio que estamos por conquistar.

EL TERRITORIO QUE TENEMOS

Juan 10:10 claramente dice que el ladrón viene para robar, matar y destruir. Estas son palabras de Jesús, así que necesitamos hacerles caso. Yo creo que Él quiere que veamos que si ya hemos obtenido territorio (por ejemplo, una esfera de influencia o relaciones o alianzas que tenemos en nuestra vida personal, ministerio, negocio, etc.), el enemigo tratará de perturbar, interrumpir o destruir esas áreas. Necesitamos estar vigilantes

Nunca debemos enfocarnos tanto en el enemigo que perdemos al Salvador de vista. En tiempo de guerra, sin embargo, es importante entender qué estamos enfrentando para que podamos buscar al Señor por Su dirección y Sus estrategias en cuanto a cómo vencer.

– no en temor, pero a la alerta – sabiendo que el enemigo quiere tentarnos, hacernos caer en trampa o engañarnos para que nos demos por vencidos o devolvamos el terreno que ya hemos tomado. Cuando discernimos que él está en medio nuestro, es tiempo de desenvainar nuestras armas y ponerlo en su lugar debido. No por nuestra fuerza o esfuerzo, sino al cooperar con la dirección del Espíritu Santo, siempre seguros de la victoria a la cual Él nos está llevando. Cada batalla es una oportunidad para el triunfo, y cada triunfo expande nuestra esfera de influencia y aumenta nuestra autoridad operativa en esas áreas.

EL TERRITORIO QUE ESTAMOS POR ENTRAR

Cuando Israel entró a la Tierra Prometida, se encontraron peleando una batalla tras otra. De hecho, el pueblo del Señor enfrentó más de diez veces más batallas una vez que estuvieron en la Tierra Prometida que las que enfrentaron en camino (Josué 12). Esto no fue por casualidad, ni fue porque el enemigo les tomó por sorpresa. Fue porque Dios quería levantar a guerreros y vencedores, por medio de enseñarles cómo colaborar con Él para ganar cada batalla y poseer y ocupar cada promesa dada. Todo fue parte de Su plan. Funciona de la misma manera hoy día. Al llevarnos el Señor a nuevas esferas de autoridad en el espíritu, el enemigo inicia una pelea para tratar de desanimarnos. Tal como dice el viejo dicho: "Nuevo nivel. Nuevo diablo". Pero no tengas temor ni te desanimes, porque el Señor tu Dios está contigo dondequiera que vayas (Josué 1:9). El enemigo no puede impedir que recibas lo que Dios tiene para ti. El Señor promete esto en Génesis 28:15 cuando declara, "No te dejaré hasta que haya terminado de darte todo lo que te he prometido"(NTV). Todo es sencillamente entrenamiento de resistencia espiritual – para fortalecer nuestros músculos de fe para que podamos tener aun mayor impacto para el Reino en la tierra.

Cristo nos ha dado victoria sobre toda obra del enemigo, incluyendo a Leviatán. Para aquellos que están en una batalla con este espíritu ahora mismo, quiero recordarles que tienen la victoria y obtendrán el botín. Declaro sobre cada uno de ustedes:

Al leer este libro, recibirás las armas y las herramientas que necesitas para triunfar sobre Leviatán y tomar todavía más terreno para el Reino. Prepárate para ver un gran cambio en tu vida. La tensión y agitación se tornarán en tenacidad y triunfo. El caos y la confusión se tornarán en comunicación clara. Los malentendidos y la malinterpretación se tornarán en impacto y bendición multiplicada. Las relaciones y alianzas rotas a amistades fortificadas y uniones fortalecidas. Todo está a punto de cambiar totalmente para ti. La victoria ha llegado, y el botín se está derramando. El territorio que ha tomado Leviatán se recuperará. Habrá recompensa. ¡Es tiempo de ver el gran giro!

2

EL ESPÍRITU DE LEVIATÁN

¿Alguna vez te has encontrado en una situación en la cual no importaba qué era lo que decías, te malinterpretaban? ¿Y entre más tratabas de explicarte, provocaba más malentendidos, confusión, enojo, sentimientos heridos, y ofensa? Pues bien, todo eso es una indicación de que Leviatán está haciendo de lo suyo.

Leviatán es un espíritu demoniaco de alto nivel que obra para torcer la comunicación, crear malos entendidos, y dañar o romper relaciones personales. Se menciona varias veces en la Biblia. Los siguientes pasajes proveen perspectivas clave que nos pueden ayudar a entender qué es este espíritu y cómo funciona.

Veamos primero a Isaías 27:1:

> *Aquel día el Señor castigará con su espada feroz, grande y poderosa, a Leviatán, serpiente huidiza, a Leviatán, serpiente tortuosa, y matará al dragón que vive en el mar. (LBLA)*

Aquí se nos dice lo que Leviatán es – una serpiente huidiza, una serpiente tortuosa, un dragón que vive en el mar. Veamos cada una de estas descripciones un poco más a fondo, para conocer mejor la obra este espíritu.

Una serpiente huidiza

Isaías 27:1 se refiere a Leviatán como una serpiente huidiza. A primera vista, esta traducción al español puede dar una idea equivocada – indicando que Leviatán siempre está huyendo. Leviatán sin duda huirá del Señor Todopoderoso cuando Él venga con su espada firme, grande y fuerte. Profundizaremos más en este aspecto en la sección donde comparto **Llaves Estratégicas para Vencer a Leviatán**. Pero por ahora, quiero que investiguemos más este pasaje acerca de lo que es Leviatán y cómo obra.

Pienso que la palabra hebrea *bariyach* que aquí se traduce al español como huidiza tiene más que ver con el concepto de que se mueve velozmente de lado a lado en vez de que está huyendo. La versión RVR 60 traduce *bariyach* como "veloz" y la NTV como una serpiente que se mueve con gran rapidez. La Reina Valera Actualizada 2015 la traduce como furtiva y algunas versiones en inglés (KJV y NKJV) la traducen como penetrante. Lo que parece que el Señor nos está mostrando aquí es que Leviatán rápidamente se mueve de lado a lado en una conversación (sea verbalmente, por correos electrónicos, mensajes, etc.) para crear malentendidos y tergiversación por ambas partes, causando que un lado reaccione agresivamente en contra del otro en una guerra de ofensas, acusaciones, sentimientos heridos, y reacciones amargas que van escalando.

La revelación importante para recordar aquí es que Leviatán se mueve rápidamente de lado a lado. Frecuentemente es fácil ver cómo Leviatán está obrando entre personas con quienes estamos tratando cuando sentimos que no nos entendieron bien, que no nos están escuchando correctamente, que nos están acusando falsamente o nos están tratando injustamente. Pero cuida tu corazón y tus palabras, porque si ves que Leviatán está obrando a un lado de una conversación, es muy probable que esté obrando también por tu lado. Si sientes que no te están entendiendo correctamente, como que tus palabras están siendo torcidas injustamente o malinterpretadas, entonces es muy probable que la otra persona esté sintiendo lo mismo. Recuerda, Leviatán se mueve de lado a lado, haciendo todo lo que puede para crear caos y confusión por ambos lados.

Como uno de los líderes de nuestro ministerio, parte de mi función es pastoral – ayudar a nuestro equipo a procesar conflictos que puedan surgir. Para esto, recurro a los valores del Reino con los cuales todos estamos comprometidos. Requiere de la voluntad de cada uno de los involucrados el dejar a un lado el enojo y la ofensa, considerar las perspectivas de las otras personas, y aceptar la responsabilidad de los pasos indebidos o errores propios que posiblemente hayan herido a otros. He visto a este proceso traer fruto increíble una y otra vez en mi propia vida y en nuestro equipo. Debido a esto, hay ocasiones cuando otros ministerios me piden que les ayude a procesar los desafíos y conflictos que ellos están enfrentando.

Hace poco yo estaba ayudando a un ministerio que estaba bajo un fuerte ataque del espíritu de Leviatán. Estaban surgiendo muchos malentendidos, desacuerdos y las acusaciones en este equipo que por lo general era conocido por el profundo amor que había entre ellos. Por varias semanas, me vi en reuniones con una persona tras otra, para escuchar cómo ellos sentían que habían sido maltratados, mal representados, atacados, o aun traicionados por otro miembro del equipo. En muchos de los casos, parecía que siempre era la misma persona "al otro lado" de los conflictos. Pude ayudar a la mayoría de los miembros del equipo a procesar sus heridas y ofensas, tomar responsabilidad personal por las acciones indebidas en las cuales ellos participaron, y ver a la otra persona con los ojos y el corazón de Jesús para poder verdaderamente perdonar y amar de nuevo. Pero cuando me reuní con la persona que había sido "la otra parte" de muchos de estos conflictos, él simplemente no se podía ver como parte del problema. Él sólo veía cómo a él lo habían tratado injustamente, y no podía ver cómo él pudo haber malentendido o tratado de maneras indebidas o con falta de amor y piedad a quienes sentían que él los había maltratado. Lo único que él podía ver y de lo que él podía hablar era de lo mal que él sentía que otros le habían tratado a él – y en momentos él se airaba tanto que yo tenía que decirle que respirara profundo y se calmara para que pudiéramos seguir hablando del asunto. Aunque sí era legítima su queja de que algunos lo habían malentendido y maltratado, él estaba totalmente ciego al hecho de que otros se sintieron seriamente maltratados por él. Esta persona estaba totalmente encerrada en su sentir del mal que él había recibido, racionalizando y justificando su propio comportamiento incorrecto, y totalmente incapaz de ver que Leviatán estaba obrando en ambos lados de los conflictos en los cuales él había estado involucrado.

1 Pedro 5:8 nos advierte que debemos estar a la alerta en contra del enemigo que anda en nuestro alrededor buscando a quién devorar. Leviatán se mueve rápidamente de lado a lado, buscando cada oportunidad para torcer comunicaciones y crear ofensas, sentimientos heridos, y palabras amargas. Este espíritu obra de ambos lados del conflicto, queriendo romper relaciones, crear perforaciones en la unidad y desalentar la cooperación para que dejemos de amarnos los unos a los otros, de honrarnos mutuamente y para que ya no trabajemos juntos para avanzar el Reino.

UNA SERPIENTE TORTUOSA

La palabra aquí para serpiente es *nachash*. Significa "una serpiente (por su siseo)" y se deriva de la palabra raíz que significa suspiro o hechizo. Es la misma palabra que se usa en Génesis 3:1 cuando viene el enemigo como una serpiente y le susurra mentiras a Eva para tentarla a ella y a Adán a dudar de Dios y romper la relación con Él. Juan 8:44 nos dice que el diablo es un mentiroso y el padre de las mentiras; que las mentiras son la lengua original del diablo. Sigue siendo verdad hoy día. El diablo es un mentiroso, así como lo son sus secuaces – incluyendo Leviatán, una serpiente que sisea mentiras, medias verdades, y mala comunicación a los oídos de las personas con el fin de crear malentendidos y ofensas.

Isaías 27:1 estipula que Leviatán no es meramente una "serpiente" sino una serpiente "tortuosa". La palabra "tortuosa", en el hebreo es *aqallathown*, y viene de la palabra "errónea". Leviatán sisea interpretaciones erróneas de lo que se está comunicando con el fin de provocar ofensa y "torturar" a las personas con sentimientos heridos, amargura y resentimiento con el fin de incitar enojo, discusiones, y reacciones malas. Leviatán obra para traer caos y confusión en las comunicaciones con el intento de voltear las personas unas contra las otras, con la meta final de dañar o romper relaciones. Leviatán quiere crear división porque sabe que cuando estamos unidos (con Dios y con otros) nada nos puede derrotar.

El Salmo 133 promete que cuando los creyentes están en unidad, la unción fluye y Dios envía Su bendición entre nosotros. ¿Cuál es la mayor bendición que Él nos ha dado? Relación con Él por medio de la obra terminada de la cruz donde cada obra del enemigo fue derrotada (1 Juan 3:8; Juan 19:30). Cuando los creyentes se mantienen unidos en Dios, con Dios y por Dios, somos "más que vencedores" (Romanos 8:37), y no podemos ser derrotados. Es por eso por lo que Leviatán, la serpiente tortuosa que sisea mentiras y siembra medias verdades en conversaciones, correos electrónicos, textos, escritos en los medios sociales y cualquier otra forma de comunicación para distorsionar, manipular y mal representar lo que se está comunicando con el fin de voltear hermano en contra de hermano, hermana en contra de hermana, marido contra esposa, amigo contra amigo, feligrés en contra de pastor, y así sucesivamente. Leviatán quiere que nos volvamos los unos contra los otros, nos agredamos, nos siseemos y mordamos. Leviatán quiere torcernos para que usemos el poder sobrenatural de nuestras lenguas para el mal en vez de usarlo para el bien, la muerte en vez de vida, maldición en contra de bendición (Proverbios 18:21, Santiago 3:10).

Una señal muy evidente de que Leviatán está en tu medio es cuando te encuentras en una situación en la que alguien está molesto contigo y te acusa: "¡Dijiste que ... !" Y aunque tratas de asegurarle que nunca dijiste tal cosa, con vehemencia lo aciertan con algo como, "¡Sí lo dijiste! ¡Yo te escuché decirlo!" Pues, posiblemente nunca hayas dicho esas palabras exactas, pero probablemente sí son las palabras que ellos oyeron, porque Leviatán estaba torciendo lo que dijiste y susurrando interpretaciones distorsionadas a sus corazones y mentes.

Permíteme darte un ejemplo. Mi esposa es muy bella, y frecuentemente le digo cuán hermosa es. Ella siempre recibe mis cumplidos con mucha gracia, y por lo general responde con algo como, "Gracias, mi amor". Así es nuestra comunicación normal. Pero, si yo dijera, "Mi amor, te ves tan hermosa hoy", y ella respondiera con, "¿Estás diciendo que la mayoría de los días me veo muy mal? ¿Me estás diciendo que ya no te sientes atraído hacia mí? ¡No te lo puedo creer! ¿Cómo puedes decirme algo tan hiriente?" Entonces, digamos que una interacción así sería una gran bandera roja alertándome que el espíritu de Leviatán estaría entre nosotros, torciendo la comunicación y siseando distorsiones y mentiras con el intento de causar una brecha entre mi esposa y yo.

Un dragón que vive en el mar

De acuerdo con Isaías 27:1, Leviatán no solo es una serpiente; es también un dragón. Un dragón que vive en el mar. Este tiene un impacto y significado muy profundo cuando pensamos en la vieja expresión "mar de humanidad". Este espíritu vive en nuestra "humanidad" ... en nuestra naturaleza carnal que se supone que ha muerto, pero con el cual frecuentemente queremos asociarnos, y desde donde "ya vivimos" en vez de nuestra naturaleza nueva.

Tomemos un momento aquí para discutir el "humanismo". El humanismo es uno de los peligros más grandes para el mundo y la iglesia hoy. Es un "movimiento" (en realidad es un espíritu provocador) que anima a las personas a vivir de acuerdo con lo que se siente bien o que parece bien de acuerdo con tal o cual situación en tal o cual momento. Exalta nuestra humanidad (los deseos de nuestra carne y sentimientos) por sobre nuestra naturaleza divina. Hace que la gente decida por su propia cuenta lo que está bien o mal de acuerdo con lo que ellos piensan o sienten o desean, en vez de lo que nuestro Dios sabio, justo y amoroso ha delineado en Su Palabra. Por ejemplo, el humanismo diría que las relaciones sexuales fuera del matrimonio están bien, simplemente porque sentimos atracción por alguien y queremos acostarnos con tal persona. "Tiene sentido" y "le parece bien" a nuestra carne, así que escogemos hacerlo aunque va directamente en contra de lo bueno que es la voluntad y la Palabra de Dios – no porque Él sea un aguafiestas o controlador que no quiere que nos la pasemos bien, sino porque es un Padre amoroso que nos quiere proteger a nosotros y a otros de heridas y daño.

Dios nos advierte en contra de las trampas del humanismo en Isaías 5:20 donde dice, "¡Ay de los que a lo malo dicen bueno y a lo bueno malo; que hacen de la luz tinieblas y de las tinieblas luz" (RVR95). En Proverbios 3:5-6, da consejo sabio de que no hemos de apoyarnos en nuestra propia prudencia (decidir por nosotros mismos qué está bien y mal), sino confiar en Él de todo corazón y reconocerlo (someternos a Él) en todos nuestros caminos. La razón se encuentra en Proverbios 14:12 y 16:25: "Hay camino que al hombre le parece derecho, pero es camino que lleva a la muerte".

En el Nuevo Testamento, Jesús habla de esto en Mateo 24:10-12, donde dice que vendrá un día cuando muchos se apartarán de su fe en Dios y de Su Palabra, escogiendo la perversidad en vez de la justicia, y que su amor por el Señor se enfriará. Sin duda parece que ya estamos en ese día, un día donde el humanismo abunda. El humanismo escoge a Barrabás en vez de escoger a Jesús (Mateo 27:21-22) – escoge la perversidad de la carne en vez de la justicia del Espíritu. Y Leviatán juega una gran parte porque tuerce nuestra manera de pensar, nuestro entendimiento y nuestras decisiones para que hagamos elecciones malas, pero sintiéndonos justificados al hacerlas. Como cuando escogemos reaccionar a los malentendidos y la mala comunicación con irritación, ofensa y frustración en vez de reaccionar con amor y paciencia. Hace sentido en la profundidad de nuestra humanidad (ese mar del "yo" donde vive Leviatán) el estar frustrados e irritados siendo que, después de todo, es una situación irritante y frustrante que nos malentiendan y nos acusen de decir cosas que no dijimos. Nuestra naturaleza que ha nacido de nuevo quiere superar la irritación y frustración de la situación, pero Leviatán quiere arrastrarnos y llevarnos hasta las profundidades carnales de nuestra humanidad para que nademos en las aguas sucias del "yo", contaminando todo lo que está en nuestro derredor.

La palabra "dragón" en Isaías 27:1 es la palabra hebrea *taaniyn* que viene de la palabra raíz *tan* que significa "alargar". Cuando algo es alargado, se extiende al grado de quedar deforme. Eso es exactamente lo que este espíritu hace en la comunicación; toma lo que una persona dice y lo "deforma" de tal manera que lo que se oye no es lo que fue la intención de las palabras dichas – mucho como ese conocido juego "teléfono" en el cual un grupo se sienta en un círculo y la primera persona le susurra algo breve al oído de la persona a su lado. Esa persona entonces lo repite, susurrándolo al oído de la persona al otro lado, y así sucesivamente hasta completar el círculo. Ya para cuando la frase original llega de nuevo a la persona que primeramente la hizo, tiene poco o aun nada que ver con lo que se dijo originalmente. La declaración original ha quedado "deforme" según se estuvo malinterpretando y malentendiendo conforme progresaba en el círculo.

La palabra hebrea *tan* – ese "dragón" se deriva de – y también traducido como – "chacal". Al principio esto me pareció muy confuso. Después de todo, "alargar" y "chacal" parecen no tener nada que ver el uno con el otro. Uno es un verbo, el otro un sustantivo. Pero pude sentir al Espíritu Santo reposar sobre mí, animándome a ir más profundo. Así que hice una investigación acerca de los chacales y encontré algo muy interesante acerca de estos animales – su dieta. La llaman una "dieta oportunista" que consiste primordialmente de animales pequeños (roedores, aves que no vuelan, huevos) y carroña (la carne de animales muertos o en estado de descomposición). Así que la palabra *tan* no solo nos ayuda a ver lo que Leviatán hace (alarga o deforma la comunicación), sino también aquello que lo alimenta y hace prosperar – las cosas pequeñas y nuestra naturaleza carnal vieja que supuestamente hemos dejado morir. Este dragón, Leviatán, aprovecha toda oportunidad para alimentarse de los malentendidos aun más pequeños y provocar sentimientos heridos, ofensas y amargura. Se alimenta con nuestra naturaleza carnal que está tan dispuesta a ofenderse cuando siente que no es entendida y a reaccionar agresivamente, continuando con el ciclo hasta que la relación y la unidad se han destruido.

Piensa en el dragón de Apocalipsis 12. Quiere devorar a la mujer que está vestida de luz con una corona sobre su cabeza, y que está a punto de dar a luz (vv. 2, 4). El dragón persigue a la mujer, tratando de ahogarla con un torrente de agua que sale de su boca (vv. 13, 15). La mujer encinta y coronada que está vestida de luz es un cuadro de la Novia de Cristo el Rey, la Iglesia triunfante, a punto de dar a luz Sus promesas en la tierra. El dragón de Apocalipsis 12 quiere destruir a la mujer para que ella no pueda dar a luz a "Emmanuel". Cada uno de nosotros es llamado a conocer al Señor íntimamente, y desde ese lugar de pertenecerle totalmente a Él, dar a luz a "Dios entre nosotros" – primero en nuestras propias vidas, y luego en las vidas en nuestro derredor, manifestando y dando testimonio de Su carácter, naturaleza, amor, luz y vida. Colosenses 1:15 y Hebreos 13 hacen claro que durante el tiempo cuando Jesús estaba en la tierra, Él fue la representación perfecta, visible, tocable y tangible de la realidad de Dios. Él nos llamó a hacer las obras que Él hizo (Juan 14:12) pero no podemos compartir la plenitud de Dios con otros si nos vemos atrapados en amargura, ofensa y división. Posiblemente el dragón Leviatán no está en posición para devorarnos personalmente, pero sí devora nuestras oportunidades de compartir la realidad de Dios y Su Reino con los que están en nuestro derredor cuando le permitirnos que nos atrape en nuestra naturaleza carnal, en vez de escoger caminar en la luz brillante de nuestra naturaleza divina como personas que han nacido de nuevo, lo cual da un testimonio poderoso de Jesús.

El dragón de Apocalipsis 12 se refiere a Satanás, pero Leviatán es un secuaz de Satanás y sirve los propósitos odiosos y oscuros de su amo con tácticas similares – la principal siendo el "torrente" que sale de su "boca" – un torrente de malentendidos y comunicaciones torcidas que crean sentimientos heridos, enojo y ofensa, todos con el propósito de romper relaciones.

REY SOBRE LOS HIJOS DE ORGULLO

Ahora dejemos a un lado Isaías 27:1 para mirar otro pasaje. Esto es lo que dice Job 41:34 acerca de Leviatán:

"Él es rey sobre todos los hijos de orgullo". (LBLA)

Aprendemos dos cosas aquí. Primero, que Leviatán es un rey; no solo un demonio o espíritu de bajo nivel, sino un principado mayor. Lo otro que descubrimos es que este espíritu gobierna y reina sobre personas "de orgullo" – los soberbios. Cada rey tiene un dominio. Le damos lugar a Leviatán, invitándolo a gobernar y reinar, cuando entramos en orgullo.

El orgullo tiene todo que ver con el egoísmo. Valorar y preferir a nosotros mismos – nuestros propios planes y deseos, nuestras perspectivas – antes que cualquier otra persona o cosa. El orgullo fácilmente se ofende ("¡Como se atreve a decir tal cosa!"). El orgullo fácilmente se irrita ("¡Eso no es lo que dije!"). El orgullo fácilmente se amarga ("¡Jamás le voy a volver a dirigir la palabra!"). El orgullo no tiene ningún problema con romper relaciones basadas en malentendidos.

Cuando estamos en orgullo estamos más preocupados por nosotros mismos que por otros. Estamos atrapados en nuestro "yo". Recuerda lo que vimos en la sección anterior, acerca de cómo Leviatán "vive" en el mar de nuestra humanidad, nuestra naturaleza carnal. Debido a esto, con frecuencia cuando Leviatán está obrando puede que ni siquiera nos demos cuenta. Se siente como "nosotros" – nuestros pensamientos, sentimientos, nuestras reacciones. Pero en realidad estamos permitiendo a Leviatán gobernar y reinar sobre nosotros, y torcer nuestra manera de pensar y sentir para que nos ofendamos, amarguemos, y reaccionemos mal. Nuestras relaciones son dañadas o destruidas porque uno, o ambos lados se permitieron atrapar en la perspectiva de, "¡Yo estoy en lo CORRECTO!" Eso es orgullo – lo cual da lugar (domicilio) y gobierno (dominio) a Leviatán, el Rey sobre los Hijos de Orgullo.

Porque Leviatán es un rey, desea gobernar. Pero por su propia cuenta no tiene verdadera autoridad. Jesús lo derrotó – y todas las obras del enemigo – en la cruz. Te quiere robar de tu autoridad como un rey y administrador aquí en la tierra, y usarla para sus propios propósitos perversos.

¿Posiblemente no te habías dado cuenta de que eres un rey? Si estás en Cristo, eres un rey. Apocalipsis 1:6 declara que eres un rey y sacerdote. 1 Timoteo 6:15 refiere al Señor como Rey de reyes. Esto significa que es Rey con *R* mayúscula, y nosotros somos reyes con *r* minúscula que usamos la autoridad que Dios nos ha dado en la tierra para lograr Sus propósitos como Sus administradores-mayordomos (Génesis 1:26, Mateo 28:18-19, 1 Pedro 4:10). Así como le dio poder a Sus discípulos en los días de los Evangelios para salir y avanzar Su Reino en la tierra (Mateo 10:1, 5-8; Lucas 10:1; Juan 17:18-20), así nosotros también – Sus discípulos de hoy en día – tenemos poder.

Leviatán se da muy bien cuenta de que cada cristiano es un rey (muchas veces él se da mejor cuenta de ese hecho que nosotros mismos). Sabe que tenemos autoridad en Cristo en la tierra. Y hace todo por usurparla.

Piensa en la serpiente en el Huerto antes de la Caída. Sabía que no tenía ninguna autoridad sobre Adán y Eva porque ellos pertenecían al Señor. Pero también sabía que si podía engañarlos para que usaran la autoridad que tenían en la tierra, a través de su relación con Dios para desobedecerlo e ir en contra de Su voluntad, entonces él (satanás) podría usurpar esa autoridad y usarla para sus planes perversos. El espíritu de Leviatán sigue trabajando exactamente así el día de hoy. El Señor nos ha dado poder a través de nuestra relación restaurada con Él y el don del Espíritu Santo para hacer las obras que Jesús hizo cuando estaba en la tierra (Juan 20:21-22, Juan 14:12). Esas obras incluyen hablar palabras que son espíritu y vida que crean y tienen impacto; que bendicen, edifican y alientan (Juan 6:63; Job 22:28, Ester 8:8; 1 Corintios 14:3). Leviatán se mueve rápidamente de un lugar a otro buscando creyentes a quienes engañar, tentar o hacerles trampa para que usen su autoridad en Cristo para derrumbar a otros en vez de levantarlos, para dañar relaciones en vez de fortalecerlas.

UNA ADVERTENCIA ESPECIAL PARA LÍDERES

Porque Leviatán quiere usurpar la autoridad, entre más grande sea la esfera de influencia que se te ha confiado, lo más probable es que serás blanco de este espíritu. Los líderes en ministerio, gobierno, negocios, medios de comunicación, familias, iglesias – cualquier líder o persona en autoridad – necesitan tener especial cuidado y estar vigilantes en cuanto a Leviatán. Deben establecer un buen escudo de oración.

Conozco a una pareja muy ungida que comenzó una iglesia en Colombia Británica en Canadá hace varios años. Eran voces apostólicas muy influyentes. Dios los bendijo con favor, sabiduría, y una gran unción para edificar. Su iglesia creció mucho. Era de bendición para sus congregantes, la comunidad y el mundo, siendo que muchos misioneros y ministros itinerantes surgieron de esta congregación y fueron lanzados a las naciones. Cuando parecía que la iglesia estaba destinada para influencia e impacto global aun mayor, entró un espíritu de Leviatán y comenzó a crear caos y confusión en las comunicaciones. Comenzaron los chismes y comentarios negativos, y la murmuración y las quejas abundaban en contra de los pastores principales.

Los pastores tuvieron reunión tras reunión con individuos y grupos de personas para tratar de comprender cuáles eran los problemas y cómo se podían solucionar de una manera constructiva. Pero cada reunión solo parecía crear más confusión y empeorar más las cosas, al grado de que se incitaba más ofensa, amargura y traición. Después de varios años de esto, la mesa directiva juntó a cuantas personas pudieron para oponerlas contra los pastores, y finalmente despidieron a estos pastores de la iglesia que ellos mismos habían empezado. Dentro de poco tiempo, la iglesia perdió a tantas personas que solo quedó un pequeño remanente, con poca o nada de influencia para impactar local, regional, y globalmente.

Durante todo este proceso los pastores se preguntaban qué estaba pasando. Entre más trataban de escuchar a todos y abrir sus corazones a todos los involucrados, más fueron malentendidos y maltratados. No tenía sentido. Nunca tiene sentido cuando Leviatán está involucrado, porque cuando ese espíritu entra, no tiene nada que ver con el pensar o entendimiento natural. Es un espíritu que toma lo que dices (y lo que se te está diciendo) y lo tuerce de tal manera que lo que se oye es radicalmente diferente a lo que se ha dicho.

Las buenas noticias son que durante este tiempo tan doloroso y difícil, esta pareja buscó al Señor, acercándose aun más a Él, y usaron muchas de las llaves que compartiremos en la sección acerca de cómo vencer al espíritu de Leviatán. Al final el Señor los llevó a una victoria completa y fueron restaurados aun a mayores alturas.

LAS MALDICIONES DESPIERTAN A LEVIATÁN

Leviatán no solo tuerce las palabras, sino que puede recibir poder de las palabras. Mira este pasaje en Job:

"Que maldigan ese día los expertos en maldiciones, los que, con una maldición, podrían despertar al Leviatán".

– Job 3:8 (NTV)

Los que son "expertos" en maldecir (los que lo hacen con frecuencia) están despertando a Leviatán – incitándolo y atrayéndolo hacia ellos. La sección del pasaje de donde esto viene es cuando Job está pasando por un tiempo muy difícil. Ha entrado a un tiempo de pruebas y tribulaciones. Está en una batalla. Y no está nada contento por el hecho. Se permite caer en el desánimo y la depresión, y comienza a murmurar y quejarse, maldiciendo su propia vida.

Jesús dijo que en esta vida habrá pruebas y tristezas (Juan 16:33). Pero antes y después de esa declaración dice que podemos tener paz en Él, y que podemos tener ánimo en cada circunstancia porque Él ha vencido al mundo por nosotros. Dios no hace víctimas. Hace victoriosos. Como parte de este proceso, hay tiempos cuando nos bendice con batallas para que nos puedan entrenar para la guerra y fortalecernos en nuestra fe (2 Samuel 22:35; Salmo 18:34; Salmo 144:1). Antes de que el Señor usara a David para matar a Goliat, lo entrenó en la batalla primero con un león y luego con un oso (1 Samuel 17:37). Dios permitió estos desafíos en la vida de David para ayudarle a prepararse para lo que Él sabía que venía. No era persecución. Era preparación. No nos volvemos grandes campeones por evitar batallas, sino más bien por abrazarlas y permitir que el Señor nos enseñe a obtener la victoria en cada situación que enfrentamos (2 Corintios 2:14).

Cuando David entró a su batalla en contra de Goliat, lo hizo proclamando quién era Su Dios y la victoria que él sabía que vería (1 Samuel 17:45-47). No murmuró. No se quejó. No maldijo sus circunstancias. Tampoco maldijo a los que estaban a su alrededor, escondiéndose en los lados. Cuidó sus palabras. Y eso mismo debemos también nosotros hacer. Si comenzamos a "maldecir" – hablar negativamente acerca de nuestra situación, de otros o de Dios – despertaremos a Leviatán, atrayendo y empoderando a su espíritu para crear aun más caos y confusión, complicando aun más los desafíos que estamos enfrentando. En vez de atraer a personas que nos serán una bendición, tendremos "amigos" como los de Job, que vienen y dan consejo torcido que obra para llevarnos a autolástima, confusión y desesperación.

Como hemos visto, Leviatán obra para crear caos en la comunicación, torciendo cómo las cosas se oyen para causar malentendidos y ofensas. Quiere que las personas se pongan unos contra otros, causando que amigos y colegas se conviertan en nuestros críticos y acusadores. Su deseo es que en medio de la confusión comencemos a hablar mal los unos de los otros, maldiciéndonos. Esto le da al espíritu aun más poder para crear más confusión y traer aun más destrucción.

TEN CUIDADO DE LO QUE "COMES" EN EL DESIERTO

El Salmo 74:14 es todavía otro pasaje acerca de Leviatán que revela cómo le gusta a este espíritu mal aprovecharse de las temporadas desafiantes de nuestra vida. Esto es lo que dice:

"Aplastaste las cabezas del Leviatán y dejaste que se lo comieran los animales del desierto".

– Salmo 74:14 (NTV)

Toma nota de que estoy usando la Nueva Traducción Viviente para el pasaje arriba citado. Esta es la versión que tiendo a usar durante mis tiempos de oración y devocionales con el Señor. La NTV traduce el Salmo 74:14 un poco diferente a otras traducciones. Donde dice "y dejaste que se lo comieran los animales del desierto" la mayoría de las otras versiones dicen algo como lo dice la RVR

60: "y lo diste por comida a los moradores del desierto". Esta traducción hace muy claro que el Señor ha magullado a Leviatán, y que luego entregó al enemigo derrotado a los moradores del desierto como comida. Qué ilustración más poderosa de que lo que el enemigo intenta hacer para mal, el Señor lo encamina para bien (Génesis 50:20). Cuando caminamos con Dios, ¡los gigantes que se vuelven en nuestra contra se convierten en nuestra "comida" para alimentarnos en nuestro camino hacia la Tierra Prometida!

Además de la revelación poderosa que recibimos de la RVR 60 y traducciones similares, quiero que veamos más la versión NTV de este pasaje y tomar un poco de licencia para hacer varias aplicaciones. A veces el Espíritu hablará revelación "rhema" del pasaje que es un poco fuera del contexto pero a la vez congruente con el consejo completo de Dios. Creo que hay algo adicional que el Señor quiere que veamos en cómo se expresa en la NTV donde dice, "y dejaste que se lo comieran los animales del desierto" y una advertencia muy pertinente a que "cuidemos" lo que hemos de "comer" en el desierto.

El desierto es una imagen de las temporadas secas y difíciles de nuestras vidas. Son aquellos tiempos cuando todavía no hemos visto la manifestación de las promesas de Dios, cuando estamos en transición y frecuentemente en confusión en cuanto a qué está pasando y por qué. Cuando estamos en el desierto, es importante que "comamos" la "comida" correcta, y que tengamos comunión en la "mesa" correcta. El Señor todopoderoso ha magullado la cabeza de Leviatán, toda obra del enemigo ha sido derrotada en la cruz (Colosenses 2:15, 1 Juan 3:8, Juan 19:30). Pero aun así, si durante los tiempos difíciles nosotros de voluntad propia escogemos "comer de" Leviatán, el Señor nos permitirá. Él nos ama tanto que nunca violará nuestra voluntad propia, aun si hacemos elecciones malas en el proceso.

Durante los tiempos de desierto debemos "alimentarnos" de Dios. Él suplirá todas nuestras necesidades, en todos los tiempos, en todas las situaciones – si escogemos ir a Él y confiar en Él. Así como Él le dio maná a Su pueblo en el desierto literal de Sinaí, nos dará a cada uno de nosotros el verdadero maná de Su amor, vida, luz, presencia, poder y provisión en cualquier desierto figurado de circunstancias difíciles en las cuales nos encontramos (Juan 6:32-33). Hemos de alimentarnos de Él, cenar con Él, tener comunión con Él durante estas temporadas desafiantes. El Salmo 23:5 deja claro que hay gran bendición para nosotros cuando hacemos esto. Declara que ha preparado banquete para nosotros en presencia de nuestros enemigos. Durante los tiempos difíciles cuando parece que el enemigo nos ha rodeado, Dios no solo está allí con nosotros, sino que si escogemos volver nuestra mirada a Él y confiar en Él como la fuente en esos momentos, Él tiene una abundancia de cosas buenas para nosotros. Él nos dará la bienvenida durante esos tiempos, nos ungirá de nuevo con Su presencia, y se derramará sobre nosotros hasta que nuestra copa esté rebosando con bendiciones.

Leviatán conoce todo eso. Es por eso que cuando estamos en el "desierto" quiere que nos alimentemos de él en vez del maná de Dios. Quiere que nos alimentemos de su confusión, caos y malentendidos para que en lugar de recibir fresco consejo, sabiduría, conocimiento, paciencia y amor del Señor (¡qué banquete!) escojamos recibir ofensa, amargura, sentimientos heridos e irritación del enemigo.

¡Ten cuidado de la mesa donde te sientas durante tus tiempos de desierto!

LEVIATÁN Y LA ENFERMEDAD

"Pues, si alguno come el pan y bebe de la copa sin honrar el cuerpo de Cristo, come y bebe el juicio de Dios sobre sí mismo.

Esa es la razón por la que muchos de ustedes son débiles y están enfermos y algunos incluso han muerto."
— I Corintios I I:29-30 (NTV)

Aunque este pasaje en 1 Corintios no trata directamente de Leviatán, en él encontramos una revelación profunda que nos muestra una de las manera más sutiles y ocultas en la que esta serpiente ataca y crea caos.

Solo en los Estados Unidos hay decenas de millones de personas que sufren de enfermedades autoinmunes, condiciones degenerativas, y trastornos genéticos. Globalmente, estoy seguro de que esos números serán varias veces multiplicados. Por supuesto que hay muchas causas de las enfermedades, y no todos los casos son un asalto del espíritu de Leviatán, pero te invito a considerar la siguiente percepción que recibí del Señor. Esta revelación es otra arma en nuestro arsenal espiritual en contra de la enfermedad y otros malestares.

En pasajes previos, hemos visto que Leviatán tuerce la comunicación para causar que una persona esté en contra de otra. Así es cómo ataca "externamente" entre personas, pero creo que aquí hay una clave en 1 Corintios 11 acerca de cómo Leviatán también ataca "internamente" dentro de una persona, creando enfermedad y otros trastornos.

En 1 Corintios 11:17-30, el apóstol Pablo habla a la iglesia de Corinto acerca de asuntos y problemas entre ellos que están creando división (1 Corintios 11:18). Comienza diciendo que "Pues parece que hacen más daño que bien cuando se juntan" (1 Corintios 11:17). ¿No les suena eso a Leviatán? ¿Las personas se juntan para hablar de un asunto, pero en la conversación se hace más mal que bien, ultimadamente causando división?

A simple vista, el asunto que están tratando en la iglesia de

Corinto tiene que ver con la comunión. Pero no están encontrando acuerdo, unidad, y comprensión mutua. En lugar de ello se están ofendiendo, atacando el uno al otro, y volviéndose en contra los unos de los otros. Todo este desacuerdo y deshonor entre los creyentes está causando enfermedad en la iglesia: "Esa es la razón por la que muchos de ustedes son débiles y están enfermos y algunos incluso han muerto" (1 Corintios 11:30). Yo creo que el Espíritu Santo nos está dando una clave aquí de que cuando Leviatán está en nuestro medio, puede no solo causar desacuerdo y desarmonía *entre* creyentes, sino que también puede causar desacuerdo y desonancia *dentro* del creyente.

La enfermedad y el malestar pueden ocurrir cuando el cuerpo y sus sistemas ya no funcionan óptimamente debido a confusión, caos o mal comunicación interna. Piensa en los trastornos autoinmunes tales como lupus, la enfermedad de Hashimoto, artritis reumatoide, la enfermedad de Addison, diabetes tipo 1. Todas éstas ocurren cuando nuestro sistema inmunológico – creado para defender al cuerpo de la enfermedad – se confunde y empieza a atacar al cuerpo, dañando a los mismo sistemas, órganos, glándulas y tejidos que fueron creados para sanar y proteger. De la misma manera, las condiciones degenerativas y genéticas como Parkinson, parálisis cerebral, distrofia muscular y fibrosis cística ocurren debido a mala comunicación severa entre el cerebro y el sistema nervioso central y los otros sistemas o células del cuerpo. La mala comunicación y confusión interna traen como consecuencia daño y destrucción – esa es evidencia de la serpiente tortuosa Leviatán.

Si tú, o alguien que conoces – están intentando salir de una condición como esta, considera buscar la dirección del Señor en cuanto a cómo orar y atar las obras de Leviatán.

3

LLAVES ESTRATÉGICAS PARA VENCER A LEVIATÁN

En la sección previa examinamos pasajes que nos dan entendimiento y revelación en cuanto a lo que el espíritu de Leviatán es, cómo obra, y las maneras en que se manifiesta. Aprendimos que es un poder demoniaco mayor que causa serios problemas en la iglesia y a todos los creyentes. Es sabio estar conscientes de este espíritu y lo que hace, pero a la vez darnos cuenta de que no debemos tenerle temor. Recuerda que el espíritu de Leviatán, al igual que todo otro poder demoniaco, fue derrotado en la Cruz del Calvario por el Señor. Cuando Jesús declaró, "Consumado es" (Juan 19:30), Él estaba anunciando que Él había triunfado sobre toda manifestación del infierno y la muerte para siempre – ¡incluyendo a Leviatán!

En esta sección aprenderás cómo echar mano de aquella victoria y prevalecer en contra de Leviatán donde y cuando quiera se manifieste. Dios ha revelado llaves poderosas para vencer este espíritu. Cada una es una herramienta estratégica que te ayudará a ver las obras de Leviatán desmantelarse y quedar totalmente anuladas cuando descubres que está obrando en tu medio.

LLAVE 1:

LA HUMILDAD

Cuando pienso en la humildad, pienso en la gran declaración de C. S. Lewis, "La humildad no es pensar menos de ti mismo, es pensar en ti mismo menos". La verdadera humildad es sacar tu "yo" de la ecuación.

En el mundo, todo trata acerca de nuestro "yo". ¿Qué voy a recibir? ¿Cómo me verán? ¿Cómo me tratarán? ¿Cuál provecho va a ser para mí? ¿Cuándo, dónde, cómo, y con cuánta frecuencia consigo lo que es mío? Es la motivación de Yo-Mí-Mío de interés propio, autopromoción y autoprotección – en otras palabras, el egoísmo.

Pero el Reino es diferente. Piensa sobre Jesús en Juan 13:3-5. En este pasaje bíblico dice que Jesús sabía de dónde había salido y a donde iba, así que se quitó su manto, se ató una toalla a su cintura, echó agua en un recipiente y empezó a lavarles los pies a los discípulos. Qué demostración de humildad. El Señor Mismo, no demandando ser servido sino escogiendo ser el siervo de todos. La llave que nosotros debemos ver aquí es la primera parte de este pasaje donde dice que Jesús sabía de dónde había salido y a dónde iba (v. 3). Jesús sentía tanta seguridad en la bondad, la sabiduría, el plan, el propósito, el poder y la habilidad del Padre celestial que Él sabía que Él no tenía que mantener Su propia mente enfocada en Sí Mismo. Él sabía que el Padre lo amaba y cuidaba tanto de Él y que lo tenía cubierto en todas las cosas y en todo momento, así que Él tenía plena libertad de dar de Sí Mismo en todo sentido. Él no tenía que estar ocupado en cuidar Sus propios intereses, porque Él sabía cuán completamente Su Padre estaba cuidando de Él.

Es lo mismo para cada uno de nosotros en el Reino. Podemos tener certeza de la bondad de Dios, y descansar en ella. Piensa en esto: No solo nos ama Jesús y cuida de nosotros aquí en la tierra así como el Padre amó a Jesús y cuidó de Él (Juan 15:9); sino que a causa de Jesús, el Padre ahora nos ama a nosotros tanto así como ama a Jesús (Juan 17:22-23).

¡Es asombroso! Reconocer que le pertenecemos a Alguien que nos ama y cuida tan completa y perfectamente que entregó todo por nosotros, y que también nos ha dado todo (Romanos 8:32), que puede liberar al Cuerpo de Cristo de siempre estar pensando en su propio bien y del egoísmo, así como Jesús estaba en la tierra.

Porque somos del Amado y Él es nuestro (Cantares 6:3) ya no tenemos que preocuparnos de cómo estamos (o no estamos) siendo tratados o recibidos, o lo que se dice de nosotros. Podemos tener plena certeza de que Dios nos ama y tiene planes para bendecir, prosperar y hacer buenas cosas para nosotros (Jeremías 29:11). Y Él puede llevar a cabo todos esos buenos planes a pesar de la resistencia del enemigo o de cómo las cosas puedan ver o sentirse en un momento dado (Génesis 28:15, 2 Corintios 2:14). Todo esto nos da la habilidad de soltar al yo y actuar en humildad, aun en las circunstancias más desafiantes o injustas – lo cual obra significativamente para quitarle el poder al espíritu de Leviatán.

Recuerda lo que aprendimos en Job 41:34. Leviatán es rey sobre todos los "hijos de orgullo" (LBLA). Cuando este espíritu es activo, fácilmente nos podemos encerrar en nuestro "yo", nuestra humanidad y orgullo. Nos encontraremos diciendo cosas tales como, "¡Yo estoy en lo correcto!" "¡No puedo creer que él dijo eso!" : ¡Eso no es justo!" "¿Cómo se atreven?" Entonces reaccionaremos mal, volviéndonos defensivos y agresivos. Nos ofendemos, empezamos a levantar juicios en contra de otros, comenzamos a contar chismes y otras cosas para que las personas alrededor de nosotros también se ofendan a causa de lo que nos ha ocurrido a nosotros. Todas son grandes indicaciones de que Leviatán está obrando, y es tiempo de que abracemos la humildad.

Escoger la humildad nos conecta al poder y la victoria de la cruz. Jesús no guardó una lista de nuestros pecados para usarlos en nuestra contra – sino todo lo opuesto. Nos perdonó todo el mal que habíamos hecho y optó por servirnos cuando nosotros estábamos pecando contra Él, hablando mal de Él, mintiendo acerca de Él, tratándolo injustamente, y persiguiéndolo. Cuando abrazamos la humildad en vez de ofendernos por lo que otros nos han hecho, comenzamos a tomar responsabilidad por nuestra manera de responder. El orgullo racionaliza y justifica las respuestas incorrectas. La humildad abraza la justicia. La humildad entiende que no se trata de estar en lo correcto, sino que se trata de responder de la manera correcta, rompiendo con el ciclo del orgullo, los malentendidos, la ofensa, el chisme y la venganza que el espíritu de Leviatán alimenta y lo alimenta a él.

He mencionado hablar mal de otros – en otras palabras, el chisme – varias veces en esta sección. Es una de las manifestaciones del orgullo. El orgullo quiere estar en lo correcto, así que cuando nos tratan mal el orgullo lo quiere contar a toda persona que está dispuesta a escuchar – compartiendo todos los detalles de lo injusto que nos han tratado – con el esfuerzo de hacer que ellos "tomen nuestro lado" en contra de la persona que nos ha hecho mal. Hace que nuestra carne se sienta mejor en el momento, pero a la larga solo "echa leña" al fuego de Leviatán y empeora el asunto. Lo que por lo general ocurre es que las personas con quienes nos quejamos se ofenden por lo que las otras personas nos han hecho. Luego ellos lo cuentan a otros, quienes entonces van y cuentan a todavía más personas. Y así sigue. Y en el proceso, el asunto empeora más, se vuelve más torcido y exagerado (recuerda que Leviatán es rey sobre los hijos de orgullo y tuerce las comunicaciones para crear caos y confusión con la meta de dañar y destruir relaciones).

Cuando se trata del orgullo, lo mejor es no participar de ello ni esparcirlo. Una buena regla es nunca decir algo acerca de una persona que no dirías si esa persona estuviera sentada allí contigo. Y en cuanto a escuchar chismes – ¡simplemente no lo hagas! Leviatán está obrando en medio del chisme, y no puedes confiar en lo que escuchas. Está lleno de malentendidos.

Leviatán fue derrotado en la cruz. Así que tan pronto que estemos conscientes de que está entre nosotros, es importante que abracemos la cruz a través de la humildad. Cuando nos ponemos el "abrigo" de la humildad caminamos como caminó Jesús, como un siervo para todos. Nos preocupamos por otros, los tratamos justamente, los tratamos con honra, sin importar cómo nos tratan ellos. Así es cómo la verdadera humildad se presenta. Nos rendimos, rehusamos ofendernos, perdonamos a quienes nos han hecho mal, escogemos solo hablar bien de otros. Esto le quita el poder a Leviatán porque no le estamos dando nada con lo cual él pueda trabajar.

LLAVE 2:

EL ARREPENTIMIENTO

En Juan 14:30 (RVR 60) Jesús dice, "No hablaré ya mucho con vosotros; porque viene el príncipe de este mundo, y él nada tiene en mí". Jesús no les dio lugar – en Su corazón, Sus pensamientos o palabras– ni a satanás ni a sus secuaces. Tampoco debemos hacerlo nosotros. Y sin embargo con demasiada frecuencia lo hacemos, por lo general sin darnos cuenta.

Como dijimos en la sección previa acerca de la Humildad, Leviatán es rey sobre los hijos de orgullo – los soberbios (Job 41:38). El orgullo juega un papel muy grande en la mayoría de los pleitos y desacuerdos. Estamos tan seguros de que tenemos la razón – o de que nos han tratado injustamente – que rehusamos considerar los puntos de vista o las perspectivas de las otras personas. Demandamos que se nos escuche, pero no estamos dispuestos a escuchar. Cuando cedemos al orgullo de esta manera, le damos lugar a Leviatán. Le damos poder a la serpiente tortuosa para sisear sus mentiras en nuestros oídos corazones. Pero no temas. Porque donde está el Espíritu del Señor, hay libertad (2 Corintios 3:17) – ¡incluyendo libertad del orgullo!

Cuando Leviatán está en nuestro medio es crucial que le pidamos al Espíritu Santo que examine nuestros corazones y nos revele cualquier cosa dentro de nosotros que está en acuerdo con el orgullo, o cualquier otra cosa que le pueda dar lugar a la manipulación de este rey demoniaco. Invita al Espíritu Santo a ir profundo, y sé abierto a la convicción y corrección amorosa que Él te da. Reconoce que Él no te está revelando estas cosas para que te sientas culpable o avergonzado, sino para liberarte y darte poder.

El enemigo tratará de causar que te aferres al orgullo, la amargura, la ofensa y similares. Hará todo para justificar la inconformidad, la murmuración, la queja, el chisme, y de que hables mal de otros. Tratará de convencerte de que estas son respuestas legítimas y reacciones apropiadas a las cosas injustas que se han dicho acerca de ti o que se han hecho en tu contra. Pero cada una de ellas es una trampa. Y cada una le da lugar a Leviatán. Arrepiéntete de todo lo que el Espíritu Santo te muestre. Clama la sangre de Jesús sobre las palabras, actitudes y comportamientos que Él te revele que le han dado lugar a Leviatán en tu medio. Recibe el perdón de la Cruz, dale gracias al Señor que te ha hecho totalmente nuevo en cuerpo, alma y espíritu (2 Corintios 5:17) y regocíjate de que el ladrón ha sido apresado, que tiene que pagar siete veces, y que tiene que entregar todos los bienes de su casa (Proverbios 6:31).

El arrepentimiento quita de nuestros corazones y vidas las cosas que son "pistas de aterrizaje" para el enemigo. Cuando no has entrado en acuerdo con Leviatán en cuanto a nada, puede venir pero no tendrá dónde "aterrizar" en ti. Esto te permite usar las llaves en esta sección para quitarle el poder y anular por completo sus influencias en tu vida.

Antes que sigamos adelante, permíteme señalar otro beneficio maravilloso del arrepentimiento. Hechos 3:19-20 nos muestra que no solo son perdonados nuestros pecados, eliminando así todas las pistas de aterrizaje cuando nos arrepentimos, sino que el arrepentimiento también le abre la puerta para que, "vengan de la presencia del Señor tiempos de refrigerio". Cuando nos arrepentimos, atraemos la presencia del Señor y Él nos refresca después de las heridas y el cansancio de las batallas con Leviatán. Así que arrepiéntete ... ¡y recibe refrigerio!

LLAVE 3:

EL AMOR

En una batalla, por lo general el lado con las armas más grandes, mejores, y más poderosas gana. Pues bien, no hay arma mayor que el amor – el amor nunca falla (1 Corintios 13:8).

Dios es amor (1 Juan 4:8). Cuando somos atacados por el enemigo pero escogemos la respuesta divina del amor en vez de la multitud de respuestas egoístas o carnales, le invitamos a Dios a involucrarse. Cuando escogemos el amor, le abre la puerta al Señor, al Todopoderoso, al Señor Invencible en la Batalla (Salmo 24:8) para que entre y nos haga triunfar (2 Corintios 2:14).

Es importante que veamos claramente cuán poderoso es el amor, y cuán total y completamente es la victoria sobre el enemigo cuando escogemos el amor, sea cual sea la circunstancia. Piensa en Jesús. Fue el amor lo que lo trajo a la tierra para nuestro bien (Juan 3:16). Cuando el hombre no recibió a Jesús ni estuvo dispuesto a apartar un lugar para Él (Lucas 2:7), Él escogió amar y venir de todas maneras. Cuando el hombre brutalmente mató a todo varón de dos años de edad o menor en Belén y los alrededores con el fin de encontrar y matar a Jesús de bebé (Mateo 3:16), Él no nos desechó sino que aun así escogió amarnos. Cuando inició su ministerio terrenal y ayudó, bendijo, sanó, y liberó a un poseído (Juan 7:20), a un loco (Juan 10:20), a un criminal (Juan 18:30), a un hereje y blasfemador (Mateo 26:65) y aunque trataron de echarlo fuera (Lucas 8:37), Jesús no se ofendió ni decidió abandonarnos. Escogió el amor. Cuando uno de los que estaban más apegados a Él lo traicionó con un beso, Él no lo trató de manera agresiva, sino que lo llamó "amigo" (Mateo 26:50), rehusando privarle de Su amor sin importar cómo lo estaba tratando. Cuando uno de Sus amigos en quien más confiaba lo negó tres veces, jurando por Dios que no lo conocía, Jesús escogió el amor, mirándole directamente a la cara (Lucas 22:61), para asegurarse de que su amigo supiera que aunque él retuviera su amor de Jesús, Jesús nunca le retendría a él su amor. Cuando el hombre lo azotó, golpeó, escupió, se burló de Él y gritó que lo mataran (Marcos 15:15, 9; Lucas 23:21), la respuesta de Jesús fue seguir amando. Cuando el hombre lo colgó en la cruz, ridiculizándolo, gritando abusos y burlas (Mateo 27:35-41), la respuesta de Jesús no fue gritarles a ellos, sino escoger el amor, clamando al cielo por ellos, "Padre, perdónalos, porque no saben lo que hacen" (Lucas 23:34). Jesús escogió el amor a cada paso. Rehusó a no amar, sin importar qué. En toda circunstancia y situación. El resultado fue que todo el infierno y la muerte fueron derrotados (Apocalipsis 1:18, Mateo 28:18, 1 Juan 3:8). Tal es el poder del amor – completa y total victoria sobre el enemigo, sus secuaces y manifestaciones. Ese es el poder que llevas a la batalla cuando, sin importar cómo te traten, escoges el amor.

Leviatán obra totalmente opuesto al amor. Crear malentendidos, amargura y ofensa en un intento de apartar a las personas y destruir relaciones. Es por eso que el amor es una llave tan poderosa para vencer este espíritu. Cuando escogemos amar, escogemos mover en una dirección opuesta al espíritu de Leviatán. Elegimos valorar a las personas e invertir en las relaciones con otros en vez de exaltar y proteger al orgullo y al egoísmo.

1 Corintios 13:4-7 delinea para nosotros cómo el amor se presenta, cómo se comporta, y las decisiones que toma. Tomemos algunos de los pasajes clave allí y examinémoslos uno a la vez para mejor entender cómo esta súper arma del amor vence al espíritu de Leviatán.

El amor es paciente (v.4 NTV)

Leviatán quiere que siempre y rápidamente respondamos con enojo a cada ofensa, reaccionando agresivamente y cada vez más intensamente. El amor, sin embargo, es paciente – capaz de aceptar y permitir las imperfecciones y los desafíos sin molestarnos o reaccionar mal.

El amor es bondadoso (v.4 NTV)

Leviatán obra para que estemos tan ensimismados, que solo nos interese cómo nos están tratando y qué están diciendo de nosotros, y reaccionar mal cuando sentimos que nos han tratado injustamente. Pero el amor es bondadoso, siempre interesado en la otra persona, tratándolo como un amigo, y prefiriéndolos a ellos en vez de nuestros propios intereses, en todo momento. La bondad del amor causa que extendamos la mano en vez de retractarla con enojo, tratando de encontrar la manera de bendecir y servir a la otra persona en vez de defendernos y hablar mal de ellos.

El amor no es orgulloso (v.4 NTV)

El orgullo y el egoísmo son el campo de juego de Leviatán. Job 41:34 hace claro que cuando caminamos en orgullo, estamos permitiendo a Leviatán reinar sobre nosotros. Vimos en la Llave 1 cuán efectiva es la humildad para sacar este espíritu. El amor no es orgulloso. Es humilde. Y cuando escogemos el amor, le quitamos el poder a Leviatán.

El amor no deshonra a otros (v. 5 NVI)

Leviatán nos provoca para que hablemos mal los unos de los otros, pero el amor rehúsa ser ofensivo. El amor siempre busca algo bueno que decir. Piensa en Jesús cuando conoció por primera vez a Natanael en Juan 1. Natanael trató a Jesús de manera ofensiva cuando dijo, "¿Puede algo bueno salir de Nazaret?". Pero cuando Jesús se encontró con Natanael, su respuesta no fue ofensiva, sino que encontró algo bueno que decir de Natanael (Juan 1:46, 47). Cuando rehusamos hablar mal de otro, no le da lugar a Leviatán en nuestro lado de la comunicación. Solo puede haber una pelea cuando ambos lados están tirando golpes.

El amor no exige que las cosas se hagan a su manera *(v.5 NTV)*

El amor no busca que las cosas se hagan a su manera. No demanda que se le trate, reciba o se le hable a él de cierta manera. Leviatán quiere provocar egoísmo y orgullo cuando las cosas no se están dando como queremos. Nos quiere provocar para que respondamos en amargura y frustración. Pero el amor no demanda que las cosas se hagan a su manera. El amor sabe que el Señor es quien nos abre el camino (Isaías 43:16) y es nuestro proveedor (Filipenses 4:19). El amor nos permite descansar en Él, confiando en Él para toda buena cosa, que es lo opuesto a demandarlas de otros.

El amor no se irrita *(v.5 RVR60)*

¿Recuerdas lo que aprendimos acerca de Leviatán en Isaías 27:1? Es una serpiente que se mueve de lado a lado en una conversación para crear malentendidos en ambos lados para provocar al uno contra el otro. Leviatán depende de que ambas partes se irriten más y más y actúen con agresión. Pero el amor no se irrita. El amor no responde negativamente. El amor no se enoja ni se amarga. Cuando escogemos el amor, establecemos una barrera impenetrable que no permite que Leviatán entre a nuestro lado en las comunicaciones.

El amor no lleva un registro de las ofensas recibidas *(v.5 NTV)*

Una de las cosas que alimenta a la ofensa es una historia de ofensas. Cuando guardamos un registro de los males que otros nos han hecho – una lista activa y constante de todas las ofensas, heridas y desilusiones que nos han ocurrido a través de los años – caemos en una mentalidad de víctima, en que no solo vivimos en temor de la próxima ofensa o herida, sino que a la vez la buscamos. Leviatán prospera en esa clase de atmósfera, torciendo cada cosa tan pequeña que sea para que llegue a ser una explosión interior de frustración e irritación que causa que reacciones exageradamente de una manera herida y negativa. El amor se deshace de las ofensas, y rehúsa ofenderse. Un punto poderoso para recordar aquí es que una ofensa puede darse, pero no se tiene que recibir. Aun si alguien te hace algo ofensivo, tienes el poder en amor de rehusar la ofensa. Fuiste creado en amor, por amor y para el amor con el fin de ser victorioso y no víctima. No te deshagas de tu poder, viviendo con una mentalidad de víctima con un largo registro de heridas y ofensas que revisas con frecuencia. Echa sobre el Señor todas esas cargas.

El amor cree lo mejor acerca de cada persona *(v. 7)*

Leviatán depende de que malinterpretes las palabras y acciones de las personas en tu derredor. Tomará la cosa más pequeña y la torcerá en algo mucho más grande, y además te "ayudará" a asignar un motivo e intención negativa. En otras palabras, Leviatán no solo tuerce tu entendimiento de lo que otros están diciendo o haciendo, sino que también obrará para que pienses lo peor acerca de ellos y la razón por la cual lo están haciendo. Leviatán quiere que pensemos

Aun si alguien te hace algo ofensivo, tienes el poder en amor de rehusar la ofensa. Fuiste creado en amor, por amor y para el amor con el fin de ser victorioso y no víctima.

mal acerca de las personas en nuestro derredor. Pero cuando escogemos el amor, escogemos pensar lo mejor de las personas, sin importar qué. Si alguien es áspero con nosotros o no nos hace caso, Leviatán tratará de torcerlo y hacerte creer que es una persona mala que no te respeta porque se cree superior a ti. Pero el amor escoge creer que esa persona simplemente tiene prisa – ¡puede ser posible que no te hizo caso porque tenía necesidad urgente de encontrar un baño!

Hace algunos años alguien en mi lugar de trabajo explotó por mi "culpa" un día. Cuando yo salía del edificio me persiguió y me dijo, "¡Ya no te aguanto más!" Me sorprendí, como no tenía la menor idea de lo que le había hecho para que estuviera tan molesta conmigo. Cuando le dije eso, ella explotó otra vez. "¿Cómo es posible que no sepas? ¡Intencionalmente has estado lastimándome! ¡Ya estoy cansada de tu arrogancia y crueldad!"

Ahora, a nadie nos gusta ser atacados, especialmente si sentimos que es injusto, e inicialmente mi carne quiso levantarse y gritar algo como, "¿De qué estás hablando? ¿Estás loca?" Pero en lugar de ello, respiré profundo y le miré directamente a los ojos y le dije, "Lamento que estés tan molesta, pero por favor, siéntate aquí conmigo y ayúdame a comprender". Así que en ese mismo momento nos sentamos y ella me compartió cómo, cuando yo entraba a nuestro pequeño edificio de oficinas, yo simplemente iba al área de recepción, conectada a la mayoría de las oficinas, donde estaba mi buzón para ver si tenía correspondencia u otros pendientes, y luego, por lo general, simplemente "me iba".

Le dije que sí, era cierto, pero que yo no entendía por qué eso la estaba lastimando. Ella me dijo que ella sabía que yo intencionalmente la estaba ignorando cada vez que entraba al edificio para así lastimarla y "ponerla en su lugar". Le pregunté qué le había dado esa idea. Su respuesta fue que ella simplemente sabía que tal era el caso porque yo casi nunca me asomaba a su oficina para saludarla. Aunque ella dejó muy claro que se sentía particularmente ignorada por mí, también aseguró, todavía con enojo, que yo casi nunca hacía el esfuerzo por relacionarme con las personas que trabajaban en ese edificio durante horas de oficina. Ella me dijo que esto la había atormentado por meses y que ya no podía aguantarlo más y había decidido que era tiempo de confrontarme y darme con todo.

Le di las gracias por ser tan abierta y honesta conmigo, y le pedí perdón por mi comportamiento que la había lastimado. Luego le pregunté si estaba bien con ella que yo le compartiera mi perspectiva del asunto. Cuando me permitió hablar le compartí que yo tiendo a estar muy enfocado en las tareas del día, pero le aseguré que nunca había sido mi intención ignorar o deshonrarla, y que sobre todo, nunca había querido "atormentarla" – sino todo lo opuesto. A mi manera de pensar, le expliqué, que la había estado honrando (y a los demás que trabajaban allí) al no interrumpirles en su trabajo y distraer su concentración cada vez que yo entraba en el edificio. Le recordé de varias veces que sí había entrado a su oficina, y a la oficina de otros, cuando no estaban demasiado ocupados, para saludar y convivir un poco. Hablamos acerca de todo el asunto hasta que pudimos comprendernos mutuamente. Le di las gracias por ayudarme a ver su perspectiva, y fue un buen recordatorio para mí sobre salirme de mi enfoque solo en el trabajo y relacionarme más con las personas en mi derredor aun cuando estuviera muy ocupado. También le hice saber, de una manera muy amable, que si algo así surgía de nuevo, que por favor simplemente viniera conmigo para hablar del asunto inmediatamente en vez de dejarse atormentar por meses. Me dijo que sí, que ahora lamentaba no haberlo hecho antes, siendo que le hubiera ahorrado de mucha irritación y energía.

¿Puedes ver cómo Leviatán se metió en el asunto e hizo un lío tan grande? Torció en la mente de ella el porqué de lo que yo estaba haciendo. Si esta mujer tan preciosa simplemente hubiera escogido desde el principio pensar lo mejor de mí ("Oh, probablemente está muy ocupado" o "Qué buen detalle que es tan respetuoso de nuestro espacio y prudente de nuestro trabajo") le hubiera ahorrado meses de molestia. También le hubiera permitido comunicar pronto algo como, "Sé que estás muy ocupado y que probablemente estás tratando de respetar nuestra área de trabajo, pero nos gusta mucho cuando te tomas un minuto para saludarnos cuando vienes al edificio".

Si rehúsas no pensar nada excepto lo mejor acerca de una persona, las mentiras torcidas y las malinterpretaciones de las acciones y motivaciones de otros que Leviatán trata de plantar en tu mente y corazón, no tendrán dónde anidarse y simplemente desaparecerán.

El amor nunca pierde la fe *(v. 7 NTV)*

Cuando estamos enamorados, estamos en fe. El amor nunca duda que Dios es capaz – en todas las cosas, en todos los tiempos – de proveer para nosotros y convertir en un buen fin a toda circunstancia o situación. Debido a eso, cuando escogemos el amor quedamos libres de las manipulaciones de Leviatán que quiere que estemos enojados con las personas que nos han fallado o desilusionado. El amor sabe que las personas no son nuestra fuente, así que nunca tenemos que tener miedo de que no estamos recibiendo de ellos lo que necesitamos, esperamos, o sentimos que merecemos. El amor mantiene en nosotros la fe de que Dios, no otros, es nuestra fuente, y de que tiene cosas buenas para nosotros aun si en algún momento dado, no sea el caso con las personas.

No siempre es fácil escoger el amor, pero siempre es poderoso. Y entre más escogemos el amar, más fácil se vuelve y más se multiplica el impacto. Es por eso por lo que nunca debemos intentar evitar nuestras "pruebas del amor". No son una carga que evitar, sino una bendición que abrazar. He encontrado a través de los años que mis más grandes pruebas de amor fueron mis más grandes oportunidades para el crecimiento y la aceleración. No siempre he "aprobado" esas pruebas. Pero aquellas en las que sí escogí el amor una y otra vez, no solo vi al enemigo derrotado en mi medio, sino que también vi una autoridad mayor en el Reino levantarse en mí. Así que la próxima vez que estés siendo maltratado o malentendido, no te enfoques en lo injusto; enfócate en el fruto asombroso que vendrá de la victoria de escoger, pensar y hablar el amor.

El amor no es un tapete de piso

Antes de que pasemos a la siguiente llave para vencer a Leviatán, hay una cosa más que quisiera que tratemos en cuanto al amor. Hemos hablado bastante acerca de lo que el amor es. Ahora hablemos por un momento acerca de lo que el amor no es. El amor no es un tapete. El amor no es pasivo. El amor actúa. El amor confronta y habla la verdad, pero siempre por el bien de la otra persona – para empoderarles, para ayudarles a ver el punto ciego en sus vidas, para edificarles. El amor no avergüenza, ataca o acusa. El amor recuerda a las personas quiénes son para ayudarles a ser libres de las trampas del enemigo que momentáneamente los ha atrapado en lo que no son.

Nosotros hemos edificado nuestro ministerio en el fundamento de los valores de Reino que están basados en el carácter y la naturaleza de Jesús. Estos valores son una "plomada" con la cual todos estamos comprometidos. Parte de ese compromiso involucra ser responsable ante los demás de cumplir esos valores. Si yo violo uno de los valores, alguien de nuestro equipo me confrontará (aunque por lo general el Espíritu Santo lo hace primero). Pero cuando sí me confrontan, lo hacen en amor. No me atacan por donde quedé corto, sino que me recuerdan cómo puedo llegar a niveles más altos. Este acercamiento amoroso a la confrontación siempre es a favor de la persona, nunca en contra de la persona. Se habla en esperanza, fe y amor, y nunca en irritación o frustración. No confronta para condenar o avergonzar, sino para edificar y empoderar.

Algunas veces la cosa más amorosa que podemos hacer es acercarnos a alguien en medio de un malentendido, compartiendo lo que está en nuestro corazón y escuchando lo que está en el corazón de ellos. Este acercamiento – opuesto a atacar a alguien o simplemente desecharlos – puede quitarle los dientes a las artimañas de Leviatán y obrar para reparar y restaurar relaciones.

No es siempre fácil escoger el amor, pero siempre es poderoso. Y entre más escogemos amar, más fácil se vuelve y más se multiplica el impacto.

LLAVE 4

ESCUCHAR Y OÍR

Santiago 1:19 dice que debemos ser prestos para escuchar y lentos para hablar. Eso es consejo sabio cuando el espíritu de Leviatán anda activo. Este espíritu crea malentendidos para provocar heridas y ofensas. Cuando nos sentimos malentendidos podemos rápidamente decir lo que pensamos, interrumpiendo a la otra persona, e intentar defendernos con más palabras. Pero Leviatán simplemente tuerce esas palabras también, creando aun mayores malentendidos en un ciclo cada vez más creciente de caos, confusión, frustración y enojo. Cuando estamos en el proceso de vencer a Leviatán, el silencio frecuentemente es oro. No un silencio retraído, de brazos cruzados, que dice "me doy por vencido," sino un silencio de corazón abierto pero boca cerrada, donde verdaderamente estamos intentando escuchar lo que la otra persona está diciendo y desde qué perspectiva. Frecuentemente es mucho más efectivo simplemente escuchar, y luego llevar esos asuntos delante del Señor. Él nos dará la perspectiva y el entendimiento que necesitamos mucho más allá de las palabras que se han hablado. Él nunca tuerce los significados o el entendimiento. Nunca trae confusión. Él conoce el corazón de todas las personas en todas las cosas. Él te ayudará a entender la raíz de los asuntos y cómo llegar mejor a una resolución pacífica y sanadora.

Frecuentemente cuando estamos en una conversación, (especialmente cuando hay un conflicto), estamos escuchando a la otra persona mucho menos de lo que estamos pensando en nuestra cabeza en cuanto a cómo vamos a responder; qué diremos cuando hayan dejado de hablar. O buscamos la primera oportunidad para interrumpir y expresar el punto que nosotros queremos enfatizar. Queremos tener la última palabra. Queremos ganar. Estamos tan preocupados por ser escuchados, que no estamos haciendo el esfuerzo de escuchar a la otra persona. Esto perpetúa o escala el conflicto, que es lo opuesto a apaciguarlo.

Tener la habilidad de escuchar es un arma poderosa en contra del espíritu de Leviatán. Anula el caos, la confusión y la hiperreactividad que Leviatán intenta provocar en las comunicaciones. Cuando te das cuenta de que Leviatán está obrando en tu medio, preocúpate menos de expresar tu punto de vista (Leviatán solo hará todo para torcerlo de todas maneras) y ocúpate más en escuchar el corazón de la otra persona. ¿Qué es lo que realmente están intentando decir? ¿Qué está detrás de sus muchas palabras y acusaciones? Si no estás seguro, hazle saber que realmente quieres entender su corazón, y haz preguntas buenas y afirmadoras tales como: "Me parece que estás tratando de decir esto _____. ¿Estoy en lo correcto?" o "Realmente quiero entender tu corazón acerca de esto; ¿me puedes decir qué estás sintiendo?"

Cuando las personas sienten que están siendo escuchadas – que se está haciendo un intento para escuchar su perspectiva y lado del asunto – se sienten valoradas. Solo hacer esto puede lograr mucho en aminorar situaciones tensas y vencer el caos que Leviatán crea y en el cual prospera.

Otra cosa que todos debemos recordar es que nos ayuda ser buenos escuchadores. Todos "conocemos en parte" (1 Corintios 13:9). Escuchar nos ayuda a ir más allá de nuestra perspectiva a veces limitada de nuestro propio marco teórico y nos abre para oír y aprender de otros. Si estamos demasiado arraigados a nuestro propio punto de vista y demasiado orgullosos para considerar los sentimientos y opiniones de otros sobre un asunto, rápidamente podemos llegar a ser personas de mentes estrechas. Hay una bendición en ser un buen escuchador aun más allá de ver la derrota de Leviatán. Ser un buen escuchador te ayudará a ser alguien que nunca deja de aprender.

Cuando escuchamos bien – oyendo no solo las palabras sino también el corazón de otra persona – hacerlo nos ayuda a desenredar la comunicación torcida de Leviatán. Para Dios, todo se trata del corazón, y Su lugar favorito para encontrarse con las personas es precisamente donde están en ese momento. Si abrazamos esta postura de colaborar con el Espíritu Santo en nuestro escuchar, le abre la puerta a Dios para darnos enseñanza reveladora y entendimiento que desenreda los engaños y las distorsiones de Leviatán.

Las llaves trabajan juntas

Quiero tomar un minuto para señalar lo bien que trabajan juntas estas Llaves. Por ejemplo, necesitamos Humildad y Amor para ser buenos escuchadores. Cuando somos humildes y preferimos a la otra persona antes que a nosotros mismos, nuestra meta en las comunicaciones es querer entender a la persona frente a nosotros más de lo que queremos ser entendidos. Las llaves de Humildad, Amor y Escuchar trabajan juntas de manera poderosa para efectivamente paralizar a Leviatán porque nos provocan rehusarnos a creer lo malo acerca de la otra persona, reconociendo que ellos tienen tanto valor como nosotros, y nuestro gran deseo es escucharlos para que se sientan comprendidos. Ya no queremos estar en lo correcto tanto, como queremos ser justos y rectos. Ya no queremos ganar tanto, como queremos ver que haya victoria en la situación. Ninguna Llave por sí sola podrá vencer a Leviatán, pero usadas juntas, hacen que el carácter y la naturaleza de Jesús brote en nosotros y obran para desenredar los efectos de esta serpiente conspiradora.

LLAVE 5

CUIDA LA COMUNICACIÓN

Proverbios 18:21 nos dice que nuestra lengua tiene el poder de la vida y la muerte. Una gran parte del asalto de Leviatán es provocarnos para que hablemos palabras de muerte hacia otros – palabras negativas, críticas, acusativas, amargas, odiosas, despreciantes – palabras que son habladas en medio del dolor, en el enojo y la frustración. Leviatán quiere que hablemos muerte el uno al otro, opuesto a hablar vida. Es por eso que tenemos que cuidar nuestras comunicaciones y vigilar nuestras palabras cuidadosamente cuando este espíritu esté activo.

En Juan 6:26-69, Jesús está tratando con algo que tiene toda la apariencia de ser un ataque de Leviatán. El espíritu no es mencionado por nombre, pero muchas de las características de su manera de obrar se ven a través de este pasaje. Hay malentendidos (v. 42), murmuración, queja y desacuerdo (v.42), discusiones entre sí (v. 52); confusión (v. 60); ofensa (v. 61); y relaciones rotas (v. 66). Pero durante todo, Jesús es muy intencional en cuanto a lo que dice y cómo lo dice. No participa de discusiones ni de ofensas. Cuida Su corazón y Sus palabras, hablando solo aquello que es espíritu y vida (v. 63). No se ofende, no se enoja, no habla en irritación o frustración. No le da a Leviatán lugar en él o en Sus comunicaciones, y debido a esto, Él puede vencer la meta final del enemigo de causar una brecha entre Él y Su equipo principal (v. 67-69).

Así como Jesús nos lo modela, tenemos que cuidar nuestras comunicaciones en medio de un ataque de Leviatán. Cuida tus palabras. Igual de importante, cuida tu corazón porque de la abundancia de tu corazón habla tu boca (Lucas 6:54). Si reconoces que tu corazón no está en el lugar correcto en el momento, cierra tu boca. Una vez que salen las palabras, ya no se pueden retraer. Esto es especialmente cierto con textos, correos, lo que uno escribe en los medios sociales, blogs y cualquier otra forma de comunicación escrita. Posiblemente se sienta "bien" dejar todo lo que uno piensa o siente en el momento, pero en realidad lo único que estás haciendo es echar leña al fuego de Leviatán y darle a esa serpiente tortuosa más oportunidades para crear más malentendidos, enojo, herida y ofensa. Sin embargo, si haces un esfuerzo de cuidar tus palabras – habladas, escritas, en mensajes de texto o puestas en cualquier otro lugar – y tienes cuidado de solo comunicar lo que es vida y verdad en amor – eso le quita los dientes a la serpiente, haciendo que le sea mucho más difícil inyectar su veneno a la situación.

Tenemos que cuidar nuestras comunicaciones en medio de un ataque de Leviatán. Cuida tus palabras. Igual de importante, cuida tu corazón porque de la abundancia de tu corazón habla tu boca

LLAVE 6

DECRETOS

Isaías 27:1 declara que el Señor castigará a Leviatán con Su espada grande, dura y fuerte. Efesios 6:17 nos dice que la Palabra de Dios es una espada. Cuando estamos en guerra, la Palabra es un arma que podemos usar para vengarnos de nuestros enemigos espirituales y poderes y principados.

En Génesis 1 hay una profunda revelación en cuanto a cuán grande y poderosa es la Palabra de Dios declarada y cuán efectiva es para traer orden en medio de la confusión. Había tinieblas y caos en todas partes (v. 2), pero cuando el Señor habló – ¡BUM! – todo cambió. Él dijo, "Sea la luz, y fue la luz" (v.3). No hubo discusión, resistencia o tardanza. Simplemente ¡BUM! Hecho. Tal es el poder que tenemos cuando vamos en contra del espíritu de Leviatán con decretos llenos de fe de la Palabra de Dios.

Como hemos visto, Leviatán es una serpiente (Isaías 27:1) y en Lucas 10:19 Jesús anunció que nos ha dado toda autoridad sobre todo el poder del enemigo, incluyendo pisotear serpientes. El contexto de este pasaje es cuando Jesús envía a Sus discípulos a hacer Sus obras y avanzar el Reino en la tierra, y ver a Satanás y sus secuaces derrotados (vv.17-18). Parte de las instrucciones del Señor fue que dondequiera que los discípulos fueran, que declararan "Se ha acercado a vosotros el Reino de Dios" (v. 9). En otras palabras, ¡debían hacer decretos! Cuando abrimos nuestra boca para hablar la verdad y la realidad del Reino, estamos pisoteando serpientes – ¡serpientes como Leviatán!

Declarar la Palabra de Dios desata la verdad eterna a situaciones que por el momento parecen haber sufrido derrota a causa de hechos momentáneos. Los hechos cambian. La verdad no. Y la palabra declarada de Dios traspasa las circunstancias temporales, penetrando bajo los engaños de las tinieblas y estableciendo la realidad del Reino (Jeremías 1:9-10). Esto es especialmente efectivo en contra de Leviatán. Nuestras propias palabras pueden ser torcidas y manipuladas por este espíritu para empeorar las cosas. Pero la Palabra de Dios cumple todo para lo que fue enviada y nunca regresa vacía; siempre prospera en aquello para lo cual fue enviada (Isaías 55:11). Cuando proclamamos Su palabra en fe, Dios exalta y honra Su palabra (Salmo 138:2), y los ejércitos de los ángeles celestiales son enviados para cumplir Sus mandatos y establecer Su verdad (Salmo 103:20). La Palabra de Dios declarada es como una explosión atómica en el espíritu. Leviatán no podrá resistir a pesar de toda su manipulación, engaño y confusión.

Usando la Palabra en contra de Leviatán

Cuando descubras que Leviatán está en tu medio, no dependas de tus propias palabras o de tu propia habilidad para desenredar sus engaños y manipulaciones. Enfócate en la Palabra de Dios. Hay verdad bíblica para cada circunstancia y situación. Esa es la Palabra que quieres usar en contra de las mentiras y falsas representaciones de este espíritu. Busca al Señor. Cuando Él te revela la Palabra, declara el pasaje en fe. Envía ese decreto – una y otra vez, si es necesario. Tendrá éxito.

Por ejemplo, la Palabra de Dios dice que el Señor es "el camino y la verdad" (Juan 14:6); que es el Señor "fuerte y valiente, invencible en batalla" (Salmo 24:8), que nos rescata de toda trampa del enemigo (Salmo 91:3) y que nos guía a toda la verdad (Juan 16:3). Podemos tomar esos pasajes, convertirlos en un decreto, y usarlo en contra de Leviatán al declarar:

Cuando descubras que Leviatán está en tu medio, no dependas de tus propias palabras o de tu propia habilidad para desenredar sus engaños y manipulaciones. Enfócate en la Palabra de Dios. Hay verdad bíblica para cada circunstancia y situación.

"Jesús, te invito a esta situación. Declaro que estás usando la espada fuerte, grande y poderosa que es Tu Palabra en contra de Leviatán. ¡Haz Tu voluntad! ¡Que se cumpla Tu verdad! Rey de Gloria, gracias porque estás entrando a esta batalla. Eres poderoso. Eres invencible. Leviatán es derrotado en nuestro medio. Declaro que me has hecho a mí, y toda persona envuelta en esta situación, libre de toda trampa de Leviatán que busca atraparnos en malentendidos, ofensa, enojo o confusión. Al guiarnos a toda verdad, declaro que el engaño y desacuerdo se desvanecen. Gracias por hacer brillar la luz de Tu verdad sobre cada una de nuestras comunicaciones. Declaro que las tinieblas de las mentiras, falsas representaciones y manipulaciones de Leviatán son destrozadas. En Tu nombre poderoso oro, Jesús. Amén"

De igual manera, puedes usar la Espada del Espíritu en contra de Leviatán al cubrirte para que sus conspiraciones y maquinaciones no logren nada. Toma pasajes como Isaías 54:17, Génesis 50:20, Salmo 5:12, Zacarías 2:5, Salmo 27:13 y Romanos 16:20 y conviértelos en un decreto que luego envías con tus declaraciones. Saldrá en el espíritu y acabará con la operación de Leviatán en tu medio:

"Ninguna arma forjada contra mí prosperará. Toda lengua que se levante en contra de mí en juicio o falsa acusación es refutada y condenada. Las maquinaciones del enemigo, sus ataques y ofuscaciones son anuladas. Gracias, Señor, porque me rodeas con Tu favor como escudo, y eres gloria en medio de mí. Estoy cubierto y protegido. Veré el bien y la misericordia de Dios en medio de estos ataques de Leviatán. Te alabo, Señor, porque me das paz, porque aplasto al enemigo bajo mis pies. En el nombre de Jesús oro. Amén.

Usando la Palabra a favor de la otra persona

Este espíritu quiere crear desconfianza, ofensa, amargura y enojo entre las personas. Su meta es causar una brecha en las relaciones por medio de malentendidos, sentimientos heridos, y reacciones exageradas. Quiere que nos volvamos los unos en contra de los otros y que hablemos mal los unos de los otros. Así que un arma muy efectiva en contra de este espíritu es hablar bendiciones de la Palabra de Dios sobre las otras personas involucradas. Busca al Señor para que te dé pasajes que puedas decretar sobre ellos que los bendecirá, cubrirá y edificará en el espíritu. Declara todo lo bueno que el Señor ve en ellos y todas las cosas buenas que Él tiene para ellos. Al hacerlo, te conectarás con el corazón de Dios, y comenzarás a desear solo lo mejor para ellos. Descubrirás que es casi imposible estar enojado o molesto con ellos, y rehusarás que haya división. ¡No puede haber una batalla si rehúsas ser un enemigo!

Romanos 12:14 nos dice que no maldigamos a quienes nos persiguen, sino que en lugar de ello, los bendigamos. Cuando hablamos maldición, le estamos dando poder a Leviatán (Job 3:8). Él quiere que nos sintamos perseguidos y que reaccionemos en enojo. Pero cuando escogemos movernos en el espíritu opuesto y declaramos bendiciones sobre quienes nos persiguen, le estamos quitando los colmillos a esta serpiente perversa. Ya no puede inyectarnos su veneno tan vil. Leviatán vive y prospera al moverse entre una conversación, creando ofensa y amargura por ambas partes. Cuando rehusamos hablar con su lengua venenosa, le cerramos la puerta a sus manipulaciones en nuestra parte de las comunicaciones.

Nos encantan los decretos en nuestro ministerio. Creemos la Palabra cuando dice, "Declara una cosa y se establecerá" (Job 22:28). Hemos visto a la Palabra avanzar, prosperar y cambiar atmósferas, crear nuevas esferas, y derrotar al enemigo. Y a través de la Palabra hablada, tú también lo experimentarás.

LLAVE 7

LA ORACIÓN

Cuando Leviatán anda activo, la comunicación es un problema. He hecho hincapié en esto a través del libro; las palabras son torcidas. Su significado e intenciones son malinterpretados. Y entre más tratamos de explicar – entre más palabras usamos para tratar de comunicar lo que realmente queremos decir – más se tuercen las cosas. Cuando Leviatán anda suelto el lugar más seguro donde podemos estar es estar comunicándonos con el Señor.

Un ministerio con el cual yo he tenido una conexión por muchos años me pidió consejo cuando estaban siendo fuertemente atacados por Leviatán. Un desacuerdo tras otro estaba afectando a este equipo que por lo general era muy unido y con mucho amor mutuo. En el momento cúspide de todos los malentendidos, también estaban tratando con un asunto disciplinario con alguien que estaba pasando por un proceso de arrepentimiento y restauración. Uno de los integrantes del liderazgo que estaba supervisando este proceso estaba tomando una posición muy dura y punitiva hacia la persona bajo corrección, y no quería dar oportunidad de permitir que esta persona se reintegrara al equipo una vez que había pasado por el proceso de arrepentimiento y restauración. Yo, junto con el líder principal de este ministerio, no estábamos de acuerdo con esta posición tan dura e inflexible.

Indudablemente veíamos la necesidad de disciplina y corrección, pero nuestra perspectiva era que se debía llevar a cabo con la posibilidad de redención. No solo queríamos ayudar a las personas que habían sufrido maltratos de la persona en cuestión, sino que también queríamos ayudar a la persona que había cometido los errores. Entre más tratábamos de hablar a este miembro del liderazgo acerca de esto, más torcía Leviatán todo lo que ella estaba escuchando. Ella solo oía que estábamos en contra de las personas que habían sido lastimadas y que estábamos inventando excusas para liberar a la perpetradora de toda responsabilidad. El asunto se complicó tanto en un momento, que este miembro del equipo de liderazgo nos acusó, al líder del ministerio y a mí, de que ahora estábamos colocándola a ella como la villana, y que rehusábamos reconocer todo el mal que había hecho la persona bajo disciplina.

Este miembro del liderazgo sentía que no la estábamos escuchando ni valorando, y que ella era la única que estaba insistiendo en lo que (a su parecer) era lo correcto. Entre más el líder principal y yo tratábamos de asegurarle que sí la estábamos escuchando y que su opinión sí importaba, más torcía Leviatán el asunto y dañaba la relación. En un momento este miembro del liderazgo quien había servido fiel y diligentemente a dicho ministerio por más de una década estaba lista para abandonar todo, renunciar, y nunca más hablar con el líder principal del ministerio.

Nos dimos cuenta de que nuestros intentos de comunicación no estaban funcionando porque Leviatán estaba torciendo y pervirtiendo en gran manera todo lo que estábamos diciendo. Así que comenzamos a orar, entregando todo al Señor, pidiéndole que les abriera los ojos a todos los involucrados para que vieran las cosas como verdaderamente eran. Decretamos que el Espíritu Santo guiaría a todos a la verdad sin importar cuán turbio y confuso había hecho Leviatán que fueran las cosas. En solo unos cuantos días hubo un gran cambio. El Señor le habló directamente a este miembro del equipo, revelándole que ella tenía una herida del corazón que nunca había sido sanada de cuando alguien que le había hecho un mal, muchos años atrás, nunca tomó la responsabilidad por sus hechos. Tan pronto que ella vio esto, se dio cuenta de que había estado actuando en base a su herida, causando que estuviera en contra de la persona que los demás queríamos ver redimida. Se dio cuenta de que el hecho de que estuviéramos a favor de ayudar a la persona en el proceso de disciplina no significaba que estábamos en contra de los que habían sido perjudicados, ni en contra de ella (el miembro del liderazgo). Su corazón cambió inmediatamente, y todo cambió significativamente. Lo que no se pudo lograr con nuestras palabras durante las conversaciones por casi dos semanas, se logró en unos cuantos días por medio de la oración. ¡Gracias, Señor!

Observar con lo que se han topado otros que han estado en luchas con Leviatán me ha ayudado a atravesar y experimentar victoria en muchas de mis propias batallas. He aprendido mucho al ver la dinámica de grupos y equipos que están en medio del caos y la confusión de Leviatán. Y tengo que decir, es mucho más fácil de tratar con ellos cuando estás fuera del torbellino de la confusión que cuando estás adentro.

Habla *a* Dios, no *acerca* de otros

Si estás en medio de un asalto de Leviatán, es más sabio que estés de rodillas que en el teléfono hablando o enviando textos, contándole a todos por lo que estás pasando, o en tu computadora enviando correos, o publicando en los medios sociales, o a la hora de comida, compartiendo por la undécima vez con la undécima persona cuán injustamente has sido tratado. Ora. Encuéntrate con el Señor. Dile a Él todo lo que está pasando. Abre y derrama tu corazón delante de Él, y luego toma tiempo para escuchar lo que Él tiene que decir.

La oración es una calle de dos vías. Es una conversación. Y es más que probable que Dios tenga algo que decir que ayudará en tu situación de manera profunda. Fue en oración que nuestro ministerio recibió las llaves en este libro para ayudarnos a vencer al espíritu de Leviatán cuando asaltó a nuestro equipo. Fue en oración que el Señor me ayudó a superar las que hubieran sido mis respuestas inmediatas y carnales y me abrió los ojos para ver las cosas desde Su perspectiva. Él me habló acerca de cómo Él manejaría las cosas. Me mostró cuál sería la cara del amor, la cara de la verdadera justicia, y cómo yo debía pelear a favor (no en contra) de las personas que estaban envueltas en todos los torbellinos y confusión. Amorosamente me ayudó a superar mi irritación y frustración y a tener paz y expectación llena de fe. Me dio a mí y a mi mentora estrategias que compartir con todo el personal de nuestro ministerio, así como sabiduría para ayudarnos a todos a guardar nuestros corazones y nuestras palabras. Durante lo peor de los ataques y los torbellinos, mucho más se logró en oración y en los tiempos devocionales con Él que en reunión tras reunión con las personas que estaban molestas entre sí.

La oración nos ayuda a ya no responder desde nuestras cabezas, sino desde nuestros corazones. Recuerda que Leviatán va de lado a lado para crear caos y confusión en ambos lados de las comunicaciones. Eso significa que así como has sido malentendido y malinterpretado por la otra persona, hay una alta probabilidad de que tú le has hecho lo mismo a él o ella. Leviatán quiere que reacciones y respondas desde tu cabeza. Quiere que le des vueltas y vueltas en tu cabeza a todas las cosas horribles e injustas que se han dicho de ti y que se te han hecho. Leviatán quiere que continuamente estés pensando en cuán difícil y grave parece ser la situación. La oración te trae ante la presencia del

Príncipe de la Paz. La oración te trae la calma celestial, revelación divina, y soluciones para vencer la situación.

En Hechos 8 vemos al enemigo usar a Herodes para arremeter en contra de la iglesia. Él estaba atacando desenfrenadamente a los discípulos que estaban en todas partes predicando las Buenas Nuevas de Jesucristo (Hechos 12:1-3). Herodes tenía la intención de poner a juicio a Pedro y, más que probable, ejecutarlo. Se veían las cosas pésimas. El enemigo se había arremetido en contra de la comunicación del Evangelio, persiguiendo a los creyentes, encarcelándolos, y amenazando en contra de sus vidas. ¿Qué podía hacer la Iglesia? ¡Orar! Que es justo lo que hicieron. En vez de murmurar y quejarse de todo, oraron sin parar (v. 5). Esas oraciones trajeron una solución repentina (v. 7) – un ángel entró a la prisión y liberó a Pedro (vv. 7-10). ¡Victoria! La próxima noticia para la iglesia fue que Pedro era un hombre libre, tocando a su puerta (v. 13). Todo porque oraron.

A veces aminoramos la importancia de la oración o no reconocemos debidamente su impacto. A veces escucho a las personas decir, "Pues bien, no hay nada que podamos hacer mas que orar". Como si la oración estuviera al pie de la lista de las posibles soluciones, algo a lo cual recurrir por falta de mejor solución. La oración es lo primero que debemos hacer. La oración es lo que trae soluciones. Cuando oramos en fe llegamos a ser conductos que conectan a la tierra con el cielo, para que Su Reino venga. Nos permite atar las cosas del infierno y desatar las cosas de Dios para que las maquinaciones del enemigo queden anuladas. Cuando oramos, se abre la puerta para que el cielo invada la tierra. ¡La oración funciona!

LLAVE 8

LA ALABANZA Y ADORACIÓN

Job 41:34 hace claro que Leviatán es un rey, y hemos visto que este espíritu quiere gobernar y reinar. Una de las maneras más fáciles y efectivas de quitar a Leviatán del trono en cualquier situación es poner a Dios en el trono. Hacemos esto, según el Salmo 22:3, cuando lo alabamos:

"Tú eres santo, estás entronizado en las alabanzas de tu pueblo". (NTV)

Cuando alabamos y adoramos al Señor no solo le estamos dando la bienvenida a la situación, lo estamos entronizando – dándole lugar para gobernar y reinar. La alabanza y la adoración son como un rayo de luz que sale de nuestro espíritu que invita al Rey de Gloria a entrar. ¿Y quién es el Rey de Gloria? Es el Señor fuerte y valiente, invencible en la batalla, el Señor de las Huestes (Salmo 24:8,10). Cuando levantamos nuestras voces para alabar y adorar al Señor en medio de los desafíos que van más allá de nuestras habilidades, las cosas cambian. ¿Y cómo sería posible que no fuera así? Él es el TODOPODEROSO. Él es el INVENCIBLE. Y Él está al frente de LEGIONES DE ÁNGELES.

A veces cuando estamos en una batalla nos enfocamos demasiado en el enemigo – en lo que está haciendo, cómo nos está afectando, los problemas que está creando. Si no tenemos cuidado, esto nos llevará a un lugar de temor. El temor funciona igual que la fe, solo de manera negativa. Job dijo, "Porque el temor que me espantaba me ha venido, Y me ha acontecido lo que yo temía" (Job 3:25 RVR60). El temor es una pista de aterrizaje para el enemigo.

Lo atrae, le da lugar, y le da poder. Entre más nos enfoquemos en Leviatán y todo el caos, desastre, los malentendidos y malas comunicaciones que está creando, más estaremos sujetos al temor y la frustración. Leviatán quiere que tengamos miedo. Quiere que estemos frustrados. Quiere que hablemos desde la ansiedad, irritación y frustración. Quiere que murmuremos y que nos quejemos. Quiere que maldigamos y hablemos mal los unos de los otros. Todo eso es leña para su fuego. Pero si cambiamos nuestro enfoque de lo que el enemigo está haciendo hacia lo que nuestro Dios es, nuestras circunstancias también cambiarán.

Piensa en Pablo y Silas en Hechos 16. Recién habían echado fuera a un demonio de una muchacha con un espíritu de adivinación (v. 18). Su "recompensa" por esta buena obra fue que les rasgaran las ropas, los azotaran con varas, los echaran al calabozo "de más adentro" y les aseguraran los pies en el cepo (v. 22-24). Su situación era terrible – y totalmente injusto. Pero en vez de enfocarse en todo lo negativo, tornaron su enfoque en el Señor (v. 25). Mientras oraban, alababan y adoraban, la prisión se sacudió, cayeron sus cadenas, y las puertas se abrieron al instante (v. 26). Todos los prisioneros quedaron libres, y el carcelero y toda su familia fueron salvos. ¡La alabanza cambia la atmósfera! ¡La alabanza cambia todo! ¡La alabanza nos libera de las trampas y las maquinaciones del enemigo!

Mientras alabamos y adoramos a Dios, nos acordamos de quién Él es y cómo es. Nos acordamos de Su grandeza, Su poder, Su fuerza. Nos acordamos de que Él es el Rey de Reyes, Señor de Señores (Apocalipsis 19:16), el Dios que derrota a nuestros enemigos (2 Samuel 5:20) y el que nunca falla (Josué 1:5). Cuando nos enfocamos en Él en la alabanza y adoración, atraemos a AQUEL que es Luz (1 Juan 1:5) a la situación – y las tinieblas, confusión y caos de Leviatán ya no pueden prevalecer delante de Él. Nuestro temor se desvanece. Nuestra frustración desaparece. Nuestra fe aumenta. La expectación de la victoria que nos tiene que llegar nos llega. Y casi sin darnos cuenta, nos encontramos declarando y decretando todo lo que Él nos está mostrando (recuerda que las llaves trabajan juntas). Ese es el poder de la alabanza y adoración.

¡Alaba aun si no lo sientes!

Si alguna vez me has escuchado predicar, probablemente me has escuchado decir, "El Reino es sencillo, pero no siempre es fácil". Por esto quiero decir que las herramientas, armas y llaves que el Señor nos ha dado como creyentes del Nuevo Pacto son efectivas y funcionan cuando las usamos – sencillo. El desafío es que frecuentemente en medio de la confusión, los malentendidos y la mala comunicación que ha provocado Leviatán, la cosa más fácil de hacer es ofendernos, frustrarnos, hablar negativamente, murmurar y quejarnos acerca de cómo parece que el enemigo está ganando y que Dios parece haber desaparecido. La cosa más poderosa por hacer es alabar, adorar y traer al Señor Todopoderoso a la batalla. Con frecuencia, el mejor tiempo para alabar al Señor es cuando menos lo sentimos.

Cuando nos enfocamos en Él con nuestra alabanza y adoración, atraemos a AQUEL que es Luz (1 Juan 1:5) a la situación, y tinieblas, confusión y caos de Leviatán ya no pueden prevalecer delante de Él.

LLAVE 9

EL PERDÓN

El enemigo reconoce el poder de la unidad. Todo el infierno reconoce que una persona puede hacer huir a mil; y dos personas, a diez mil (Deuteronomio 32:30). Hay una progresión logarítmica del impacto del Reino cuando unimos nuestros brazos y colaboramos para el Señor. Es por eso por lo que Leviatán quiere causar que un creyente esté en contra de otro, una iglesia en contra de otra, y una casa en contra de otra. Quiere fracturar y dividir al Cuerpo para que estemos enojados, amargados, aislados y desconfiados los unos de los otros. ¿Cuántos creyentes hay ahora que han abandonado la comunión, el compañerismo y la cobertura del cuerpo porque han quedado heridos por una iglesia, líder u otro creyente? ¿Cuántos no se están conectando con personas para quienes podrían ser bendición, o por quien podrían ser bendecidos, porque se han encerrado en su ofensa y falta de perdón?

Hay una razón por la cual el Señor nos llama a la comunión (Hebreos 10:24-25). Es la misma razón por la cual el enemigo trata de apartarnos. Es mucho más fácil para el infierno venir en contra de los creyentes uno a la vez, en vez de cuando estamos caminando en unidad, en responsabilidad mutua, animándonos, exhortándonos y edificándonos los unos a los otros. Es más, el enemigo sabe que si puede volver a los creyentes, los unos en contra de los otros, y provocarnos a pensar y hablar mal los unos de los otros, entonces en realidad estamos trabajando para él. Leviatán es uno de los agentes ocultos más suspicaces que trabaja para dividir a los creyentes, y la falta de perdón es una de sus trampas mayores.

Una vez escuché a un predicador poderoso decir que la falta de perdón es cuando "uno bebe veneno con la esperanza de que mate a su enemigo". En otras palabras, cuando rehusamos perdonar, pensamos que estamos castigando a la persona que nos hizo mal, pero en realidad nos estamos castigando a nosotros mismos. Cuando no queremos perdonar, nuestros corazones se endurecen, impidiendo el fluir del Reino a nuestras vidas. Estamos entrando en acuerdo con las tinieblas que con la luz.

La mentira del enemigo nos dice que si perdonamos, estamos diciendo que lo que se hizo (o habló) en contra de nosotros estaba bien, que no estaba mal, que no era una "gran cosa". El perdón no trata de justificar las acciones de otros; más bien es quitar el impacto de esas acciones de nuestras vidas. Cuando Jesús nos perdonó en la cruz, Él no estaba diciendo que el pecado "no era la gran cosa". Él estaba quitando la habilidad del pecado de seguir separándonos del Padre Celestial y todo Su Reino. La falta de perdón nos aísla. Nos paraliza. Impide que seamos quienes Dios nos creó – en amor, por amor y para amor – para que fuéramos. Pero el perdón, o, el glorioso perdón tal como Cristo nos perdonó, nos conecta con el corazón del Padre; todo lo que Él es, y todo lo que Él tiene.

Cuando Leviatán anda activo, las heridas toman lugar. Nos entienden mal, malinterpretan, o dicen mentiras de nosotros ... y nos hieren. Pero esas heridas no pueden comenzar a sanar verdaderamente hasta que perdonemos. Tenemos que perdonar a quienes nos hicieron mal, perdonarnos a nosotros mismos por acciones o palabras incorrectas de las cuales nosotros somos responsables. Proverbios 17:9 (NTV) dice que el amor (y toda la paz, el gozo, y la esperanza que viene que ello) florece cuando se perdona, pero que mantener presente un mal separa a los amigos íntimos. En otras palabras, el perdón abre la puerta a la sanidad, pero le cierra la puerta a Leviatán.

A continuación se ofrece una Oración de Perdón para ti cuando Leviatán ha estado activo en tu medio:

Señor Jesús, por Tu gracia perdono a otros así como Tú me has perdonado a mí. Perdono a todos los que me han entendido mal, representado falsamente o que han mentido acerca de mí de cualquier manera. Me perdono a mí mismo por cualquier instancia en la cual me he ofendido, o donde he permitido que el enojo y la amargura entren a mi corazón. Aplico Tu sangre a toda la situación, y pido que toda palabra incorrecta que he hablado acerca de alguien, o que alguien ha hablado de mí, caiga a tierra sin hacer daño o causar efectos. Perdono a los que me han maldecido, y elijo bendecirlos. Que ellos conozcan todo tu amor, toda tu aceptación y todo tu consuelo en todo aquello por lo cual están pasando. En Tu nombre poderoso lo oro, Jesús. Amén.

LLAVE 10

LA SABIDURÍA

Una de las trampas de Leviatán es causar que pienses que conoces o sabes cosas que no necesariamente son verdad. Torcerá palabras y entendimiento, apelando a tu naturaleza orgullosa y carnal, para convencerte de que la persona con quien te encuentras en este torbellino tiene motivos e intenciones perversas y malas en contra tuya. Siseará mentiras a tu oído de que estás "discerniendo" algo acerca de tu "enemigo" cuando en verdad lo que está pasando es que este espíritu perverso te está pasando mala información de tal manera que la percibas como hecho. Es por eso que es tan importante que clamemos a Dios para que Él nos dé Su verdadera sabiduría en medio de las manipulaciones y maquinaciones de Leviatán.

Proverbios 4:6 promete que la sabiduría divina nos protegerá y cuidará de nosotros. Eclesiastés 2:26 nos muestra que cuando Dios da sabiduría, nos viene el verdadero conocimiento y la felicidad. Santiago 1:5 hace claro que cuando necesitamos sabiduría –saber cuáles serían los pensamientos, perspectivas y el acercamiento de Dios en una situación dada – que lo único que tenemos que hacer es pedírsela y que Él gustosamente nos la dará.

Durante el ataque de Leviatán en contra de nuestro ministerio, muchas veces tuve que buscar a Dios para que me diera sabiduría. Le preguntaba, ¿Señor, cuál es el mejor curso de acción en este caso? ¿Qué logrará el mayor bien?" O aun mejor, la pregunta que mi amiga y mentora me ha enseñado a hacer, "Señor, ¿cuál es la cara del amor en estas circunstancias?" Sin importar cuán contenciosas o difíciles se pusieran las cosas en algunos momentos, sin importar cuánto mi carne estaba queriendo responder agresivamente o vengarse en algún momento dado, si yo estaba dispuesto a aquietarme y acercarme al Señor sabiendo que Él tenía una respuesta, Él siempre ha podido levantar Su voz por encima del ruido de la confusión y el caos (Salmo 46:10). Lo que he aprendido es que puede haber respuestas, acciones y decisiones que parecen ser las correctas, hasta uno puede sentir que son las correctas, pero si no vienen con la paz del Señor, si no parecen ni suenan como amor, si no buscan el bien de la otra persona tanto como buscan el bien de uno mismo, entonces no provienen de la sabiduría de Dios.

En Juan 5:19 Jesús declara que Él no hace nada por Su propia cuenta, sino solo lo que ve a Su Padre hacer. Esa palabra "ver" en el griego es *blepo* y significa observar o percibir. La palabra "hacer" en ese pasaje en el griego es *poieo* que puede traducirse como estar de acuerdo, permanecer o hacer en conjunto. Así que Jesús nos está revelando que Él permanece con Su Padre, caminando como uno con Él en acuerdo, haciendo solo lo que Él observa o percibe a Su Padre hacer. Jesús está representando perfectamente al Padre en todas las cosas y todos los tiempos (Colosenses 1:15; Hebreos 1:3). Luego declara que no son Sus palabras las que Él habla, sino solo las palabras que el Padre le ha dado (Juan 12:49). Él solo hacía lo que el Padre le mostraba que hiciera, y solo decía las palabras que el Padre le daba para decir. Él era la perfecta encarnación de la sabiduría de Dios en todas las situaciones en todo momento. Es por eso que dondequiera que iba, todo demonio y trama demoniaca eran derrotados.

Es así cómo Jesús vivió cuando estaba en la tierra, y a causa de Él es cómo nosotros podemos vivir ahora. Busca a Dios y Su sabiduría en toda situación confusa y caótica que te encuentres. Antes de que hables o actúes para potencialmente empeorar las cosas, toma tiempo para apartarte con Él y permitirle que te enseñe cómo ser "tan astutos como las serpientes e inofensivos como palomas". Esa cita se encuentra en Mateo 10:16 donde Jesús está comisionando a Sus discípulos más confiables para que salgan y cambien al mundo. Les dice que los está enviando como "ovejas entre lobos". Él conoce la perversidad y maldad en el mundo caído, y que ellos tienen que luchar con los poderes y principados que quieren devorarlos y distraerlos de la importante tarea que tienen de avanzar Su reino. Ellos no podrán derrotar al enemigo en su propia fuerza, ¡pero no lo tienen que hacer! Él les está dando la llave: "Vayan como ovejas y escuchen la voz de su pastor". En otras palabras, en todas las cosas y todo momento tenemos que escucharlo a Él, porque Él nos hablará y nos dará sabiduría – sabiduría divina que nos da el poder para ser tan astutos como las serpientes e inofensivos como las palomas.

Las serpientes están al tanto de su medioambiente. Esperan justo para el momento oportuno y luego atacan. La sabiduría de Dios nos ayuda a discernir lo que en verdad está ocurriendo y nos da el poder para movernos eficiente y efectivamente en contra del enemigo y sus artimañas. Toma tu tiempo para escuchar al Señor. Luego haz lo que tienes que hacer con toda intención. Cuando tenemos la sabiduría de Dios derrotaremos al enemigo pero sin tener deseo en nuestros corazones de dañar a las personas involucradas. El resultado final será como cuando el Señor elogió a los discípulos por su efectividad en contra del enemigo, diciendo, "¡Vi a satanás caer como rayo!" (Lucas 10:17) El enemigo había sido derrotado, y los discípulos habían aprendido a usar el poder con el cual el Señor les había equipado – ¡el poder sobre toda la autoridad del enemigo!

LLAVE 11

CONSEJEROS

Dice Proverbios 11:14 que en la multitud de consejeros hay seguridad. Esto indudablemente es cierto cuando estás bajo el asalto de Leviatán. Cuando este espíritu está obrando, las comunicaciones se distorsionan, el entendimiento y la comprensión se vuelven turbias, y puedes comenzar a cuestionar casi todo. Puede ser abrumante, por eso el porqué ayuda tener ojos y oídos "frescos". Buscar consejo de consejeros confiables y experimentados que no están en medio de los conflictos, las confusiones y situaciones en las cuales estás en medio, puede proveer perspectivas muy valiosas y traer una influencia calmante.

Nuestro ministerio tiene varios niveles de cobertura ante quienes rendimos cuentas. Uno de ellos es un grupo de líderes apostólicos respetados quienes tienen décadas de experiencia en el ministerio. Cuando estábamos tratando con este asalto de Leviatán entre nosotros, buscamos a varios de estos consejeros. Les compartimos, con la mayor objetividad posible, lo que estaba ocurriendo en lo natural y en el espíritu. También les invitamos a hablar con las otras personas involucradas en las situaciones para que pudieran oír directamente de ellos también. Porque estos líderes estaban fuera de la confusión que Leviatán estaba causando dentro de nuestro ministerio, ellos pudieron ver las cosas con claridad y dar consejo que ayudó a penetrar el gran desconcierto, y también confirmar lo que nosotros estábamos escuchando del Señor. Pudieron hablar verdad a las diferentes partes involucradas y ser escuchados y entendidos con mucha más facilidad porque no estaban dentro de los torbellinos principales del ataque de

Buscar consejo de consejeros confiables y experimentados que no están en medio de los conflictos, torbellinos y situaciones en los cuales estás en medio puede proveer perspectivas muy valiosas y traer una influencia calmante.

Leviatán. Su consejo y asistencia jugaron un papel importante en ayudar a disipar el caos de las distorsiones de Leviatán y restaurar la claridad a nuestro entendimiento y a las comunicaciones.

Piensa en el rey David en 2 Samuel 19. Después de un tiempo largo y difícil de luchar contra su hijo Absalón, David no estaba pensando claramente. La relación entre ellos se había sumido en heridas, malentendidos, ofensas, amargura, rechazo y traición. A pesar de los mejores esfuerzos de David de intentar conectarse con su hijo y traer restauración, las cosas habían ido de mal en peor. Absalón maquinó y tramó en contra de su padre, incitando una rebelión que quitó del trono a David (2 Samuel 15:13-14). Luego persiguió a David con decenas de miles de tropas con la intención de matarlo y tomar el trono para sí. Durante la batalla, Absalón perdió su vida (2 Samuel 18:15). A pesar de sufrir todos sus tramas, traiciones, ataques y enojo durante todos los años de esta relación tan contenciosa, David, por supuesto, lamentó mucho la muerte de su hijo (2 Samuel 18:33). Pero su dolor se torció en algo más que tristeza por su pérdida. Se volvió disfuncional. Afectó a todos alrededor de él, incluyendo a muchos de sus soldados que habían peleado bien y valientemente por él (2 Samuel 19:2). Es más, la reacción de David les hizo sentirse tan mal, que estas tropas valientes y leales "regresaron sigilosamente a la ciudad, como si estuvieran avergonzados y hubieran desertado de la batalla" (v. 3

NTV). David estaba tan perdido en el torbellino de su dolor que no podía ver claramente cómo estaba impactando negativamente a él, a sus valientes guerreros, y a Su reino (v. 4). Requirió de un consejero confiable para ayudarle a ver cuan torcido se había tornado todo (vv. 5-6), y para darle sabio consejo en cuanto a cómo enderezar todo (vv.7-8).

LLAVE 12

LA RECONCILIACIÓN Y RESTAURACIÓN

Cuando Jesús fue a la cruz a favor nuestro, no solo derrotó al infierno y a la muerte, sino que reconcilió nuestros pecados y nos restauró a una relación con nuestro Padre Celestial y Su Reino. Nos volvió a colocar en el lugar que teníamos antes de la Caída. Dios no solo es un Guerrero que provee victoria sobre el enemigo, Él también es un reconciliador y restaurador que hace que todo termine bien.

Piensa en Job. Cuando todo se dijo y se hizo, el Señor no solo lo llevó a la victoria en contra del enemigo sino que también atrajo a Job a una relación más cercana e íntima con él (Job 42:5). Además, restauró la fortuna de Job para que fuera doblemente bendecido (Job 42:10, 12). Así es nuestro Dios. Y así es como se ven las cosas cuando el enemigo es derrotado y la justicia divina es ejecutada.

Cuando Leviatán está obrando, las cosas se vuelven complicadas y turbias. Las comunicaciones se vuelven turbias. Las emociones se vuelven turbias. Las relaciones se vuelven turbias. Se dicen y se hacen cosas desde la postura de la frustración, irritación y las heridas, que no se debieron haber dicho o hecho. La derrota culminante de Leviatán no es meramente vencer sus trampas o limpiar el caos y la confusión en nuestro medio. Verdaderamente vencer este espíritu involucra hacer todo lo que podamos hacer para enderezar y arreglar las cosas. Es importante ir con las personas y pedir perdón por las malas actitudes que tuviste o las palabras indebidas que hablaste durante el conflicto. No esperes a que ellos vengan a ti. Inicia el proceso, Y por si acaso no responden debidamente, no lo tomes en contra de ellos.

Recuerda, no hacemos las cosas debidas para obtener el resultado debido, hacemos las cosas debidas porque Él, quien es justo, vive dentro de nosotros. Cuando arreglas las cosas por tu parte – cuando haces todo lo posible para reconciliar y restaurar todo a como era antes del asalto de Leviatán – entonces estás cerrando totalmente la puerta a este espíritu tortuoso.

LA LLAVE – EL ESPÍRITU DE CRISTO

Antes de terminar esta sección acerca de las llaves para derrotar el espíritu de Leviatán, quiero hacerte una pregunta. ¿Ves un denominador común entre todas las llaves? Todas parecen y suenan a Cristo. Todas abrazan y encarnan Su carácter y naturaleza. Cuando escogemos caminar como Él, obtenemos el poder para caminar cómo Él (Juan 14:12, Juan 20:21).

El Espíritu Santo bien puede encontrarse con nosotros y guiarnos en toda situación. En medio del ataque torcido y revolcador del espíritu de Leviatán, el Espíritu Santo nos puede hablar claramente y ayudarnos a caminar, hablar, pensar, y actuar como Cristo.

Una estrategia excelente en cualquier guerra espiritual es movernos en el espíritu opuesto a la oscuridad que ha venido en nuestra contra. No hay nada más completo y totalmente opuesto al espíritu de Leviatán que el Espíritu de Cristo.

.

4

LA BATALLA ES DEL SEÑOR

Siempre que me encuentro en una temporada de guerra, me gusta leer el Antiguo Testamento. Está lleno de historias de batallas donde el Señor lleva a Su pueblo a la victoria a pesar de obstáculos imposibles. Todas estas historias ofrecen mucha enseñanza reveladora y aliento. El Libro de Josué es uno de mis favoritos. Especialmente donde el Señor le recuerda a Josué que ningún enemigo podrá hacerle frente mientras que él viva, porque el Señor siempre estará con él y nunca le fallará o abandonará (Josué 1:5). También donde le dice a Josué que nunca habrá razón para tener temor o desánimo (Josué 1:9). ¡Guau! Eso sí que aumenta la fe en medio de una batalla.

Con eso en mente, quiero que veamos otro pasaje bíblico acerca de Leviatán. En Job 41 dice:

"Si llegas a ponerle la mano encima, ¡jamás te olvidarás de esa batalla, y no querrás repetir la experiencia! Vana es la pretensión de llegar a someterlo; basta con verlo para desmayarse... Cuando se yergue, los poderosos tiemblan; cuando se sacude, emprenden la huida. La espada, aunque

lo alcance, no lo hiere, ni lo hieren tampoco los dardos, ni las lanzas y las jabalinas. Al hierro lo trata como a paja, y al bronce como a madera podrida. No lo hacen huir las flechas; ve como paja las piedras de las hondas. Los golpes del mazo apenas le hacen cosquillas; se burla del silbido de la lanza ... nada hay en el mundo que se le parezca."

— Job 41:8-9, 25-29, 33 (NVI)

A primera vista, este pasaje no suena muy alentador y sin duda no parece ser algo que levantaría tu fe. Después de todo, parece estar diciendo que si intentamos ir en contra de este Leviatán terrible y poderoso, lo lamentaremos, porque ninguna de nuestras armas puede herirlo y no hay nada en la tierra que se parezca a él. ¿Qué posibilidades tenemos tú y yo, que nos sentimos tan insignificantes, contra algo tan poderoso? Pues tenemos toda posibilidad. Porque no somos meramente tú y yo quienes nos levantamos en contra de Leviatán. Somos tú y yo en Cristo, con Cristo, y por Cristo que vamos en contra de él. Las armas de nuestra milicia en contra de este espíritu no son carnales (hierro, fierro, madera y piedra) sino armas poderosas espirituales en Dios con las cuales Él nos ha equipado y las cuales nos dan poder para derribar poderes y principados como Leviatán (2 Corintios 10:14).

Yo creo que este pasaje en Job nos está recordando que por sí solos, en nuestras propias fuerzas, sería un error ir en contra de este poder demoniaco como Leviatán. Pero no estamos solos, y no tenemos que (ni debemos) luchar en nuestras propias fuerzas. Como Josué tenemos una palabra del Señor que Él, quien tiene toda autoridad y poder sobre todas las obras del enemigo (Lucas 10:19) nos ha equipado con armadura y armas celestiales (Efesios 6:13-18), y Él siempre nos llevará a la victoria (2 Corintios 2:14). En otras palabras, no tenemos por qué temer a Leviatán; él necesita tenerles temor a quienes están caminando con el Señor. ¿Qué tal? – ¿Te da eso aliento?

Piensa en el rey Josafat (2 Crónicas 20). Él fue atacado no por uno, ni dos, sino las fuerzas de tres enemigos. Todos estaban marchando en contra de él. En lo natural parecía ser una situación sin esperanza – hasta imposible. Josafat sabía que él no tenía poder ante tantos enemigos en su contra – y no tenía ninguna idea de qué hacer ... excepto ir ante el Señor (v. 12). La respuesta de Dios fue decir, "¡No tengan miedo! No se desalienten por este poderoso ejército, porque la batalla no es de ustedes sino de Dios" (NTV). Dios entonces le dijo a Josafat que aunque la batalla era del Señor, era importante que Su pueblo tomaran sus posiciones y quedaran quietos para que observaran la victoria que el Señor les daría (v. 17). Al siguiente día obedecieron las instrucciones de Dios. El resultado fue que vieron al enemigo totalmente destruido, y el botín resultante de esa victoria era tanto ¡que se tardaron tres días para recoger todo!

Sucede lo mismo en cualquier batalla que enfrentamos. Especialmente con un principado poderoso como Leviatán. A primera instancia el espíritu parece ser tal como dice Job 41 – tan poderoso, terrible, y abrumante que ninguno de nuestros acercamientos (armas) tendrá efecto en vencerlo. En medio de un ataque de Leviatán podemos sentirnos como Josafat se sintió al principio ... abrumado, sin poder y lleno de temor. Pero la "receta" que el Señor le dio para la victoria en contra de esta situación, aparentemente tan imposible en su día, también obrará a nuestro favor en nuestra situación porque el Señor es el mismo ayer, hoy y para siempre (Hebreos 13:8, Malaquías 3:6).

1. *No tengas miedo ni te desalientes* (2 Crónicas 20:15):
   En otras palabras, ¡controla a tu alma! Leviatán quiere

provocarte para que reacciones mal. Cuando este espíritu viene en tu contra, te sientes malentendido, maltratado, acusado, ofendido, y una variedad de otras emociones y reacciones. Tienes deseos de agredir, vengarte, hablar mal de otros, darte por vencido, y tirar la toalla. No lo hagas. Los justos no viven por sus sentimientos, viven por fe (Romanos 1:17). No pongas tu fe en tu habilidad de enderezar lo que Leviatán ha torcido; solo quedarás frustrado y desanimado. Pon tu fe en el Señor. Rehúsa estar de acuerdo con –y arrepiéntete de cualquier enojo, frustración, amargura, negativismo, ofensa u orgullo que has permitido afectarte. Entrega todo al Señor, y entra a Su descanso. Alaba y adora, conociendo y declarando que no importa cuán mal los cosas puedan verse o sentirse, ¡mayor es Él!

2. ***Reconoce que la batalla es del Señor*** (v. 15): ¡Regocíjate de que la batalla es del Señor. Y que Él ha ganado. Jesús derrotó a todo el infierno y a la muerte en la Cruz del Calvario (Apocalipsis 1:18). No hay ninguna sola obra o secuaz del enemigo que Él no haya vencido totalmente (1 Juan 3:8) y de quienes haya hecho espectáculo (Colosenses 2:15) – incluyendo a Leviatán. Medita en estos y otros pasajes clave que se han citado a través de este libro hasta que tengas plena seguridad, sin duda alguna, de que el enemigo es derrotado. ¡No contendemos *por* la victoria, contendemos *desde* la victoria!

3. ***Toma tu posición*** (v. 17): Tu posición es en Cristo (Efesios 2:6; Juan 15:5), dentro de la victoria completa y total de la cruz. Mantente firme, alabando y adorando al Señor por lo que Él ha hecho y por lo que está a punto de hacer.

4. *Quédate quieto* (v. 17): No te dejes conmover por lo que ves o sientes. Mantente en fe sin importar qué. No titubees ni dudes (Santiago 1:6-8). Si te das cuenta de que sí has dudado, simplemente arrepiéntete, pide a Dios que te dé mayor gracia, y vuelve a ese lugar de fe (Hebreos 3:14; 4:9-10).

5. *Observa la victoria del Señor* (v. 17): Sé expectante en tu fe. Cuando sabes que has triunfado por medio de la Cruz, eso te ayuda a ver la victoria y esperar que dé lugar. Frecuentemente le digo a las personas que cuando se trata de las promesas de Dios, no estamos contendiendo por algo que posiblemente obtengamos algún día, sino que estamos contendiendo por la total manifestación que ya sabemos que es nuestra. La fe es una sustancia (Hebreos 11:1 RVA) que hace manifiesto lo que Dios ya nos ha dado. Métete a la Palabra. Lee y medita sobre pasajes de la Biblia donde el Señor trajo victoria. Permite que Él levante tu fe para que veas la victoria, sabiendo que Leviatán es derrotado ¡y que ahora te toca recoger el botín!

No podemos derrotar a Leviatán en nuestras propias fuerzas. Pero alabado sea Dios, no lo tenemos que hacer. La batalla es del Señor, y Él ya ha ganado por nosotros. A nosotros nos toca legislar esa victoria –decretando y declarándolo – ¡hasta que veamos a Leviatán derrotado a través de la obra terminada de la Cruz!

5

RECUPERARÁS TODO

Hemos visto a Leviatán como el rey demoniaco que desea gobernar y reinar (Job 41:34). Quiere tomar y usurpar "territorio" – esferas de influencia, relaciones clave, alianzas estratégicas, áreas de fortaleza. Hace esto por medio de crear malas comunicaciones, malentendidos, confusión y caos para atrapar a las personas en ofensa, amargura, enojo e irritación, para que nos volvamos los unos contra los otros, rompiendo la unidad, y usando la autoridad de nuestras palabras para sembrar división y discordia. Este espíritu conoce el poder de los creyentes cuando están unidos (en iglesias, matrimonios, familias, negocios, escuelas, lugares de trabajo, hogares y ministerios), que es por lo que trabaja tan duramente para poner al uno en contra del otro. El resultado es relaciones quebrantadas y oportunidades perdidas.

Mientras has estado leyendo este libro, estoy seguro de que se te han venido a la mente situaciones cuando hubo asaltos en contra de ti y tu territorio. Asaltos marcados por torbellinos de confusión y mala comunicación que te hicieron sentir malentendido y calumniado – cuando entre más tratabas de enderezar las cosas, al contrario más torcidas se hacían. Durante este tiempo posiblemente no te diste cuenta de que era algo mucho más que malentendidos de "carne y sangre", pero ahora tus ojos se han abierto. Ahora sabes que estos asaltos fueron provocados por un poder demoniaco. Y ahora que te das cuenta de que te han robado, es tiempo de que recuperes tu territorio.

Posiblemente el enemigo te haya tomado por sorpresa, pero a Dios nada le toma por sorpresa. El Señor bien puede guiar y dirigirte a recuperar todo lo que se te ha robado. No tengas temor de que hayas perdido algo permanentemente; en su lugar, ¡regocíjate en la revelación de que todo será restaurado!

No eres el primero que ha enfrentado una situación como esta. En 1 Samuel 29, David fue rechazado por el grupo con quienes había estado sirviendo. A pesar de que él tenía un historial impecable en cuanto a su éxito y lealtad (v. 3), de repente dudaron y desconfiaron de él, y ya no querían tener nada que ver con él. David se sintió confundido y malentendido, y aunque trató de explicar su lado del asunto, de todas maneras le dijeron que se fuera – perdió su "lugar" así como una de las alianzas más importantes y estratégicas en su vida durante ese tiempo (vv. 8-10).

Como si eso no fuera suficiente, cuando David regresó al pueblo donde vivía, él y los hombres que estaban con él descubrieron que el enemigo había invadido su campo, habían robado todas sus posesiones, se habían llevado cautivas a todas sus familias y demás relaciones, ¡y hasta habían quemado todo hasta no quedar nada! (1 Samuel 30:1-2) El enemigo se había llevado todo. Las emociones negativas, la amargura y la ofensa se desenfrenaron y los hombres de David se volvieron en contra de él – hasta estaban considerando apedrearlo (v. 6). La situación se veía pésima. David estaba sobre abrumado y angustiado, pero en vez de entregarse a la desesperación y la derrota, fue delante del Señor (v. 6). Cuando lo hizo, esto es lo que Él le dijo: "Sí, persíguelos. Recuperarás todo lo que te han quitado" (v.8 NTV). En otras palabras, ¡no te des por vencido, persigue al enemigo y espera recompensa total!

Cuando David abrazó las "llaves" que el Señor le había dado, él y sus hombres pudieron restaurar su unidad (v. 9), recibieron una cita divina que les dio la información y otros detalles estratégicos necesarios (v.11), mataron a todos sus enemigos (v. 17), y recuperaron todo lo que les había sido robado incluyendo todas sus familias y demás (v.18). Nada les faltó (v. 19). Recuperaron todo.

Hay algo que quiero señalar de esta historia que tiene relevancia especial en cuanto al espíritu de Leviatán. Mucha de la división y las pérdidas que sufrieron en el proceso vinieron a causa de malentendidos, desconfianza, ofensa y amargura (1 Samuel 29:3, 4-6, 8; 1 Samuel 30:6). David buscó al Señor para recibir respuestas de Él en cuanto a todo. El resultado fue que experimentó victoria total y todo se recuperó. Además, cuando el enemigo trató de entrar de nuevo y crear desconfianza y ofensa entre los amigos de David después de la victoria (1 Samuel 30:22), David rápidamente ejerció su autoridad y aplastó la situación divisiva antes de que pudiera establecerse (1 Samuel:23-24). ¿Lo ves? David no solo recuperó todo, sino que había crecido en cuanto a su propia autoridad. Todo lo que el enemigo había robado se había recuperado y ¡ahora David estaba pisoteando esa serpiente tortuosa, aplastando a su cabeza, y sacándola permanentemente de su campo!

Ahora que tus ojos se han abierto en cuanto a las obras de Leviatán, puedes reconocer en qué áreas ha venido en tu contra y dónde ha robado o destruido. No hay nada que se ha robado que no pueda ser recuperado. A través de este libro, el Señor te ha dado percepciones reveladoras, entendimiento y llaves que te ayudarán a vencer a Leviatán. Úsalas para perseguir, alcanzar y recuperar todo – y para inmediatamente sacar a Leviatán de tu medio si trata de entrar de nuevo.

Posiblemente el enemigo trate de convencerte de que tu situación es demasiado grande, tu derrota demasiado grande, o la herida demasiado antigua. Puede que así se vea y sienta, pero nada de eso es cierto. Simplemente es el espíritu de Leviatán siseándote sus mentiras. ¡Recuerda la Cruz del Calvario! Para todo el mundo en ese momento, la cruz se veía como una gran derrota – el fin de Jesús. ¡Pero fue todo menos eso! Dentro de lo que parecía a los ojos y el entendimiento natural una derrota, era en verdad el mayor triunfo jamás experimentado donde Jesús recuperó todo – ¡todos los pueblos y toda la creación para todos los tiempos!

Lo que pueda parecerte una gran derrota en realidad contiene las semillas de una gran victoria. ¡Lo recuperarás todo!

En Joel 2:25 (NTV) el Señor promete, "Les devolveré lo que perdieron".

En Isaías 61:7, Él promete que no solo restaurará, ¡sino que les dará el doble! Luego en Isaías 61:4 promete que les dará una "corona de belleza" en lugar de "cenizas". Así que cualquier cosa y en cualquier área donde Leviatán te ha robado, espera que se te regresará, espera lo doble, y espera que será mejor que antes. ¡GRACIAS, DIOS!

Es tiempo de recuperar todo lo que el enemigo ha robado. Agarra las llaves que el Señor te ha dado en este libro y ponlas a trabajar. ¡Permite que tu espíritu se levante! ¡Permite que el león que vive dentro de ti ruja! Declara ahora mismo, "¡LO RECUPERARÉ TODO!"

ACERCA DEL AUTOR

En noviembre del 2002, Robert estaba cortando leña en las montañas del estado de Montana cuando fue salvo de manera radical y transformado para siempre a través del primero de muchos encuentros con el amor de Jesús. Se transformó de ser un burlador y perseguidor de los cristianos a un amante apasionado de Cristo. Esa pasión por el Señor marca su ministerio y es en verdad contagiosa. Robert es el líder apostólico de Men on the Frontlines (Hombres en la Primera Línea), es conductor del programa Heroes Arise (Héroes, levántense) y es uno de los líderes principales de los Ministerios Patricia King. Viaja por todo el mundo ministrando con gran fe, revelación que va en aumento, decretos proféticos, milagros, y el amor de Dios. Las personas han sido salvas, sanadas, refrescadas, liberadas y empoderadas por medio de su vida. Su más grande deseo es que toda persona, ciudad y nación llegue a conocer que Dios es bueno ¡y en verdad los ama!

Robert vive en Arizona con su esposa. Conéctate con él en los sitios a continuación (en inglés).

Páginas web: RobertHotchkin.com, MenontheFrontlines.com
Twitter: @RobertHotchkin
Facebook: OfficialRobertHotchkin
Instagram: Robert Hotchkin
YouTube: Robert Hotchkin Channel

Para conseguir más ejemplares de este libro
u otros recursos de Robert (en inglés),
acude a:

roberthotchkin.com

patriciakingministries.com

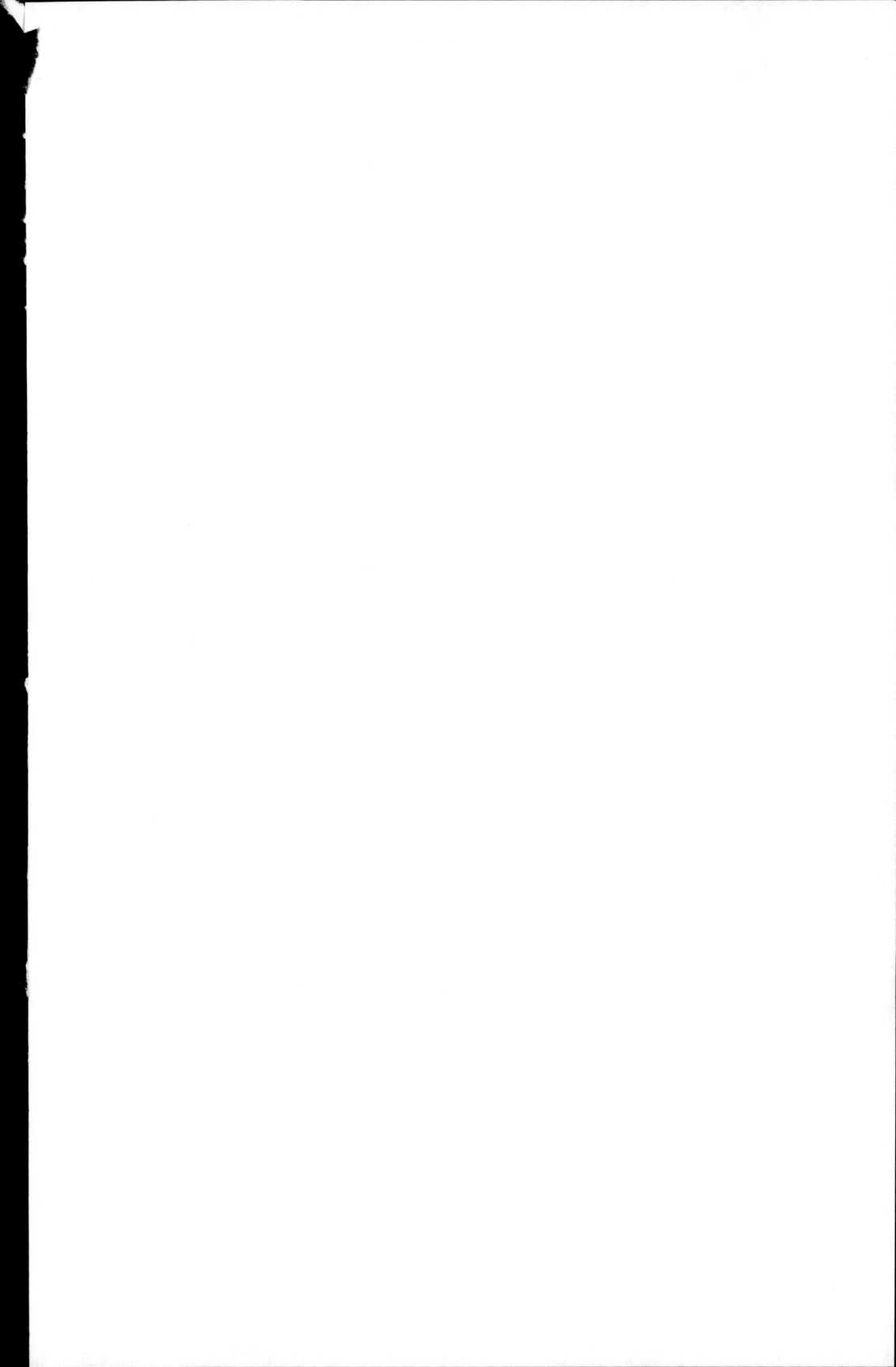

www.ingramcontent.com/pod-product-compliance
Lightning Source LLC
Chambersburg PA
CBHW061832040426
42447CB00012B/2938

* 9 7 8 1 6 2 1 6 6 5 1 4 4 *